巨大市場を支配する
40・50代パワー

「おひとりウーマン」消費!

牛窪 恵
Megumi Ushikubo

毎日新聞出版

「おひとりウーマン」消費！

巨大市場を支配する
40・50代パワー

はじめに

あなたの周りにも、きっといる。40、50代の独身女性、**「おひとりウーマン」**。

彼女たちはあなたの目に、どのように映っているだろうか。

……結婚しそびれた、不運な女性？　バーで夜な夜なひとり酒を飲んでいる、寂しい女？

あるいは「彼氏いない歴」も長そうだし、土日はさぞつまらないんじゃないかな……？

もしそう考えているなら、「ほとんどは違いますよ」とお伝えしたい。

なぜなら私は、初の著書『男が知らない「おひとりさま」マーケット』（日本経済新聞社）を書いた2004年4月以来、大手企業とのマーケティング開発も併せて、これまでに2000人以上の独身女性を取材してきたから。彼女たちは「不運な」「寂しい」どころか、私たち既婚者が驚くほどポジティブでパワフルだ。しかも消費や人脈形成に積極的で、多少の失敗にはくじけない。それが、おひとりウーマンの実像なのである。

04年当時に取材したのは、おもに20代半ば〜30代後半の女性たち。あれから十余年。彼女たちと同年代の独身女性が、いまや40、50代のミドル年齢に達している。

このころ、私はジャーナリストの故・岩下久美子さんが初めて提唱した「おひとりさま」という概念を、企業や市場にも広めたいとの思いで取材を続けた。おかげさまで翌05年、同著は新語・流行語大賞に最終ノミネートされ、世のトレンドキーワードにもなった。

その後07年、社会学者の上野千鶴子さんが書いた『おひとりさまの老後』（法研）が大ベストセラーに。社会には「そういえば、周りに独身女性が随分増えたな」との認識や、「そうか、結婚しても、最期はおひとり様になるかもしれないんだ」などの気づきが一気に広がった、とも言えるだろう。

そしていま。当の独身女性は、果たして「すっかり市民権を得た」と言えるだろうか。

残念ながら、そうとも言えない。日本の社会保障制度は、相変わらず結婚（入籍）した「家族」の単位を優遇し、07年の婚活ブーム以降は、「未婚でいるのは、本人の努力が足りないからだ」との見方も復活した感がある。国が推奨する働き方改革や「人づくり革命」も、待機児童解消や高等教育の無償化など、おもに結婚・出産した女性を意識した政策だ。

その是非《ぜひ》は、人によって考え方が分かれるところだろう。ただいずれにせよ、私は思うのだ。「彼女たちを軽視するとは、なんともったいないのだろう」と……。

初めに申し上げておこう。日本は十数年後の2030年、全人口の約半数が「おひとり様（独身）」になる（野村総合研究所予測）。理由は後述するが、おひとり様はレアケースどころか、「2人に1人」「ごく当たり前」の時代が、すぐそこまで迫っているのだ。

日本は国として、この現実を無視するわけにはいかない。当然、彼女たちに向けた社会保障や「共助型」の社会システムを構築していく必要がある。私も内閣府、財務省、経済産業省などで複数の委員会や研究会に携わっているが、ぜひ官公庁や地方自治体の業務に携わる皆さんは、**「大独身社会」**を軸に新たな考えを提言する第1章と、日本の未来に向けた第6章を中心に、じっくりお読みいただきたい。

もっとも、2020年度までの財政健全化が難しくなった日本で、彼女たちに必要な支援をすべて公的サービスで賄《まかな》うのは無理だ。裏を返せば、そこに民間のビジネスチャンスもある。「働く女性」が大半を占める彼女たちは、みずからの稼ぎで新商品や新サービスにも幅広く手を伸ばすはず。巨大市場の可能性が、歴然とそこにあるのだ。

人口減少が危機的状況を迎える少子高齢化社会にあって、新たなマーケットの可能性を切り拓く貴重な存在、それが「おひとりウーマン」と言えよう。

なぜ彼女たちが、有望なターゲットなのか。理由はおもに3つある。

1 消費好きなバブル世代（現40代半ば〜50代半ば）が含まれるから

2 人口ボリュームの団塊ジュニア（現40代前半〜半ば）が含まれるから

3 いまも「根拠なき自信」と上昇志向をもち、若さや自分磨きを追求しているから

まず1、バブル世代といえば、バブル予兆期と最盛期に青春時代を過ごした世代。右肩上がりの経済やお嬢様ブーム、女子大生ブームに支えられ、高級ブランドやファッション、ドライブ、リゾート&グルメなどに積極的に消費した。若い世代と違い、消費に対する罪悪感は弱い。いまだに「宵越《よいご》しのお金は持たない主義なの」などと言い切るおひとりウーマンも、少なからずいるほどだ。

バブルの幻影を抱えた彼女たちに向け、いま衣料品や住まい、インテリア、家電、食品、百貨店などさまざまな業界が、新商品や新たなサービスを投入し始めている。こうした流れに対し、当の彼女たちはどんな思いを抱いているのか。関連企業や「衣・食・住」に関

心が高いおひとりウーマンの皆さんは、第2章、第5章を楽しみにしてもらいたい。

半面、バブル世代もいまや「更年期」と向き合う年齢である。これを「オトナ思春期」（グンゼが命名）と前向きに呼ぶ流れもあるが、今回の取材では「女のステージを降りるようで寂しい」「（生理がなくなるのは）自分の意志が体に屈したようで、悔しい」などと嘆く声も複数聞かれた。でも、だからこそ従来にない消費が生まれる。また、「女としての自分」を見つめ直す時期だからこそ、大人の恋や等身大のパートナー探しのための行動や購買が発生するわけだ。この辺りは、話題の「アラフィフ婚」も含め、第5章で**「おひとりリミット」**をキーワードに書いた。驚きの実例も、併せてお読みいただきたい。

一方、2の団塊ジュニア女性は、おもに戦後生まれで核家族化が進んだ「団塊世代」の娘にあたり、子どものころから「ひとり遊び」に慣れた世代だ。彼女たちはマーケティング・アナリストの三浦展《みうらあつし》さんが「シンプル族」と表現するとおり、20代のころから無印良品やユニクロなど、身の丈にあったシンプルなモノやコトを中心に消費してきた。それだけに、日常的にちょっとしたお気に入りに囲まれて過ごすだけで満足感を得られる「プチハッピー」志向が強く、ラグジュアリー系のバブル世代とは違ってより日常的に、カジュアルにおひとり様を楽しむ術《すべ》を知っている。

そこで第2章では、彼女たちを中心に、「ひとりは楽！」と実感させる**「おひとりメリット」（消費）**を、第4章では、親と同居、あるいは子をもつシングルマザーなどで、いま「ひとり」を楽しめない状況にあるおひとりウーマンが、「短時間でもひとりになりたい」と望んで消費する**「おひとりモーメント」（消費）**を、それぞれご紹介する。後者には、クルマや入浴、レジャーなど意外な話題も登場するので、ぜひご注目いただきたい。

他方、そんな団塊ジュニアが、哀しい別名を有するのをご存じだろうか。その名も「貧乏クジ世代」、精神科医の香山リカさんが命名したこの言葉の真意は、生まれたときから人数が多く、ずっと競争にさらされてきたうえ、「もう少しで大人になれる」と感じていた矢先にバブルがはじけ、ほとんどいい思いができなかったことにある。この世代は93年、初の「就職氷河期」にあたり、男性も不況で「これでは妻子を養えない」と自信を喪失、未婚化が顕著になった世代だ。

文字どおり「貧乏クジ」を引かされた彼女たちは、25年、親にあたる団塊世代の介護問題（いわゆる2025年問題）でも苦境に立たされる可能性が高い。ただ、昨今は老後に「ぼっち（ひとりぼっち）」にならないよう、早い段階から墓トモ（同じ墓に入る友人、知人）探しに乗り出す女性も増えた。親や自分の介護、孤独死を防ぐために、40代から新たなサービス開拓や人脈づくりに励むおひとりウーマンも、決して少なくない。第3章、第6章では、そんな彼女たちが日々抱える悩みや切なる叫び、新たな動きについて、**「おひとりサポート」「独身ファースト」**をキーワードに、前向きにご紹介する。

そして3、「若さや自分磨きを追求している」については、ふだんおひとりウーマンに接し「そうだよな」と感じる方も多いだろうから、あえてここではふれない。1点だけ、分かりやすくお伝えするなら、日本を代表する人気漫画（アニメ）「サザエさん」の母親、フネさんは48、49歳、アラフィフ（アラウンド・フィフティ）の設定だ。口元のクッキリとしたほうれい線、生活感あふれるおだんごヘア、そして和服にかっぽう着姿の古風ないでたち……、時代が違いすぎるとはいえ、いかに今時の40、50代女性に比べて地味か、逆に昨今のおひとりウーマンがどれほど若々しいかがお分かりいただけるだろう。

私もこの年齢（アラフィフ）になって実感した。40歳を過ぎると、美と健康は黙っていては手に入らない。見えないところで「自分に手間ひま」をかける意欲と行動力が必要で、だからこそ第5章でふれる「美」への投資も惜しまない。また今日は「内面から知的に美しく」の流れにあるから、自己啓発や習い事などにも夢中になる。とくに40代女性は「50歳までには」の思いが強いから、ミドル年齢になって新たな分野の学びに乗り出し、消費するケースも少なくないのだ。ちなみに、私も49歳になって「大学院に通わねば」と思い立ち、ＭＢＡ（経営学修士）取得のため、立教大学大学院に通い始めた。

そんな彼女たちの脳裏にある思いは、「この努力、20代の小娘には分かるまい」……。

私が40、50代の独身女性を「おひとりウーマン」と呼ぶのも、まさにそのためだ。若いころから数々の苦難を乗り越え、陰で見えざる努力を続ける彼女たちだからこそ、「20代の女の子とは違う」「私は、自立した大人の女（ウーマン）」との自負がある。その思いこそが、若きおひとり様とは異なる、ドンと思い切った消費行動へと向かわせるのだ。

本書には、関連の官・民調査結果や約40社に及ぶ企業取材、専門家へのインタビュー、そして数多くのおひとりウーマンの内面に迫る取材をめいっぱい盛り込んだ。

巨大マーケットを創る40、50代の独身女性は、いま何を考え、何を不安に思い、何に消費しているのか。そして今後、彼女たちが切り開く新たな市場とは、一体どのようなものか。この一冊をお読みいただければ、彼女たちの本音や深層心理、見えざる消費の可能性が手に取るようにお分かりいただけると思う。

本書が、長年低迷する日本の消費市場、そして未来のおひとり様市場に、新たな光をもたらすことを祈りつつ……。

第1章

「大独身社会」は時代の趨勢
2030年、日本の半数が「おひとり様」になる！

第2章

「ひとりはラク！」
おひとりメリットが「きちんと消費」を生む

第3章

「ぼっちは怖い」
おひとりサポートが「ゆるつながり消費」を育む

第4章

「ひとりになりたい!」

おひとりモーメントが「リメンバー消費」へと誘う

第5章

「ひとりを卒業!?」おひとりリミットが「大人恋・婚消費」へと導く

第6章

日本の未来は「独身ファースト」が創る！
おひとりウーマンの「不安と希望」を左右するもの

※本書に登場する一般女性の名前はすべて仮名です。
本人の希望により、職種や居住地などを多少変えている場合があります。
※有識者や企業関係者、著名人の属性や肩書きなどは、但し書きがない場合、
取材時点または2017年9月末時点のものです。

第1章

「大独身社会」は時代の趨勢

2030年、日本の半数が「おひとり様」になる！

女性のおひとり様は「自己責任ゼロ」

「女性の場合、結婚できたかそうでないかは、ほとんど『運』しか関係ないでしょう」

２０１７年8月、社会学者で中央大学文学部教授の山田昌弘さんにそう聞かされ、あまりに驚いた。毎日新聞社のニュースサイト（「デジタル毎日」）への掲載を前提に、二者で対談させていただいたときのことだ。

山田さんといえば、著書を通じて「パラサイト・シングル」や「婚活」などの言葉を世に広めた、結婚・未婚や家族研究の第一人者。その山田さんに「運」しか関係ない、と言わしめるほど、現代のシングル女性には特徴がないという。いったいどういうことなのか。

まず男性は、よく言われるとおり、年収や雇用形態（正規雇用か非正規雇用か）、学歴などによって、30代までに既婚か未婚かがハッキリ分かれる。たとえば、内閣府が20～39歳の男女に聞いた調査では、未婚男性の83・8％が「年収０～４００万円未満」で、逆に「４００万円以上」は16・２％しかいない（「平成26〈２０１４〉年度『結婚・家族形成に関する意識調査』」）。また、総務省の「労働力調査」（13年）でも、30代男性の有配偶率は、正規雇用で66・６％なのに、非正規では28・７％と半分以下だ。

図表1-1　20〜39歳・未婚男女の年収層

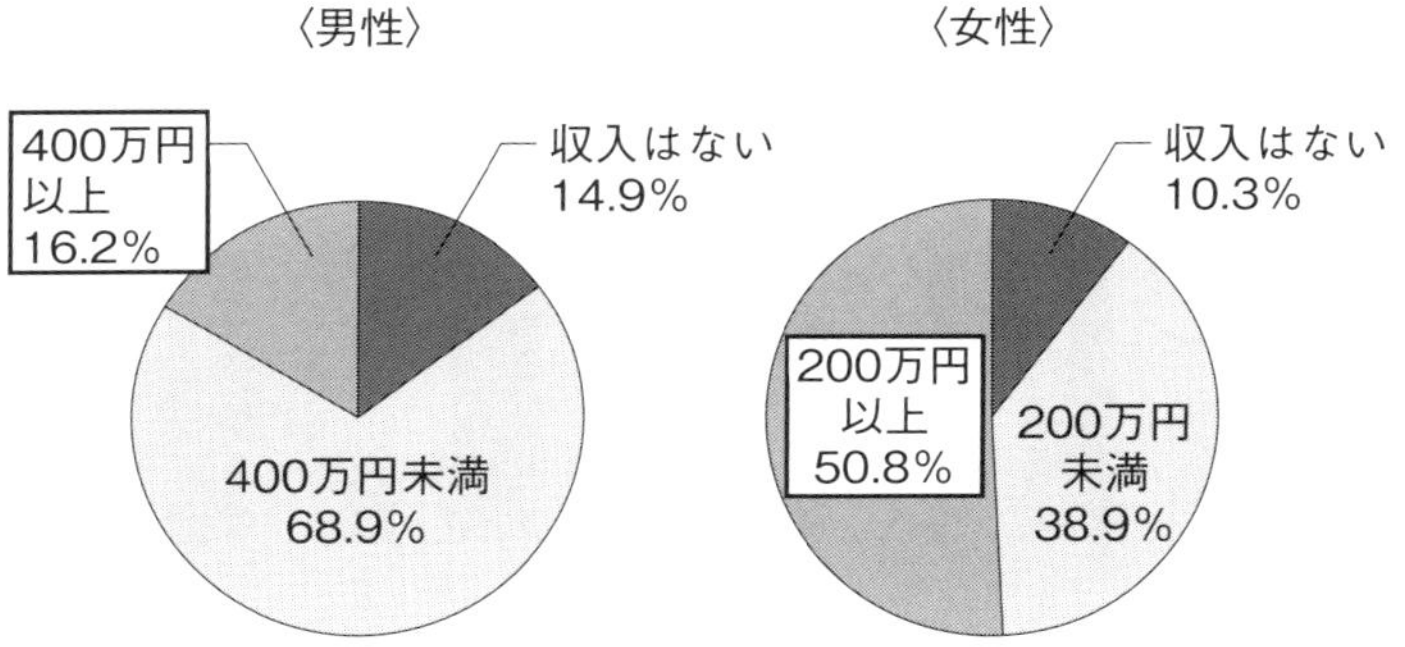

出典：内閣府「平成26年度 結婚・家族形成に関する意識調査」

ところが、それぞれ同じ調査項目で女性を見ると、女性の未婚者で「年収0〜200万円未満」は49・2％、逆に「200万円以上」は50・8％とほぼ拮抗《きっこう》している。正規、非正規の別では、30代女性の正規で50・4％、非正規では64・9％が有配偶であり、むしろ非正規で十数％既婚者が多い。つまり、年収や雇用形態が既婚、未婚に大きく影響する男性に対し、女性はあまり相関が見られないのだ【図表1-1・図表1-2】。

「学歴については、約30年前の1985年ごろまで、四年制大学を出た女性が結婚しにくい傾向はありました。ただ、そのころの調査対象（当時50代）で四大卒の女性は、わずか1割弱ですから。進学率が高まった現在、学

図表1-2　男性・女性の有配偶率

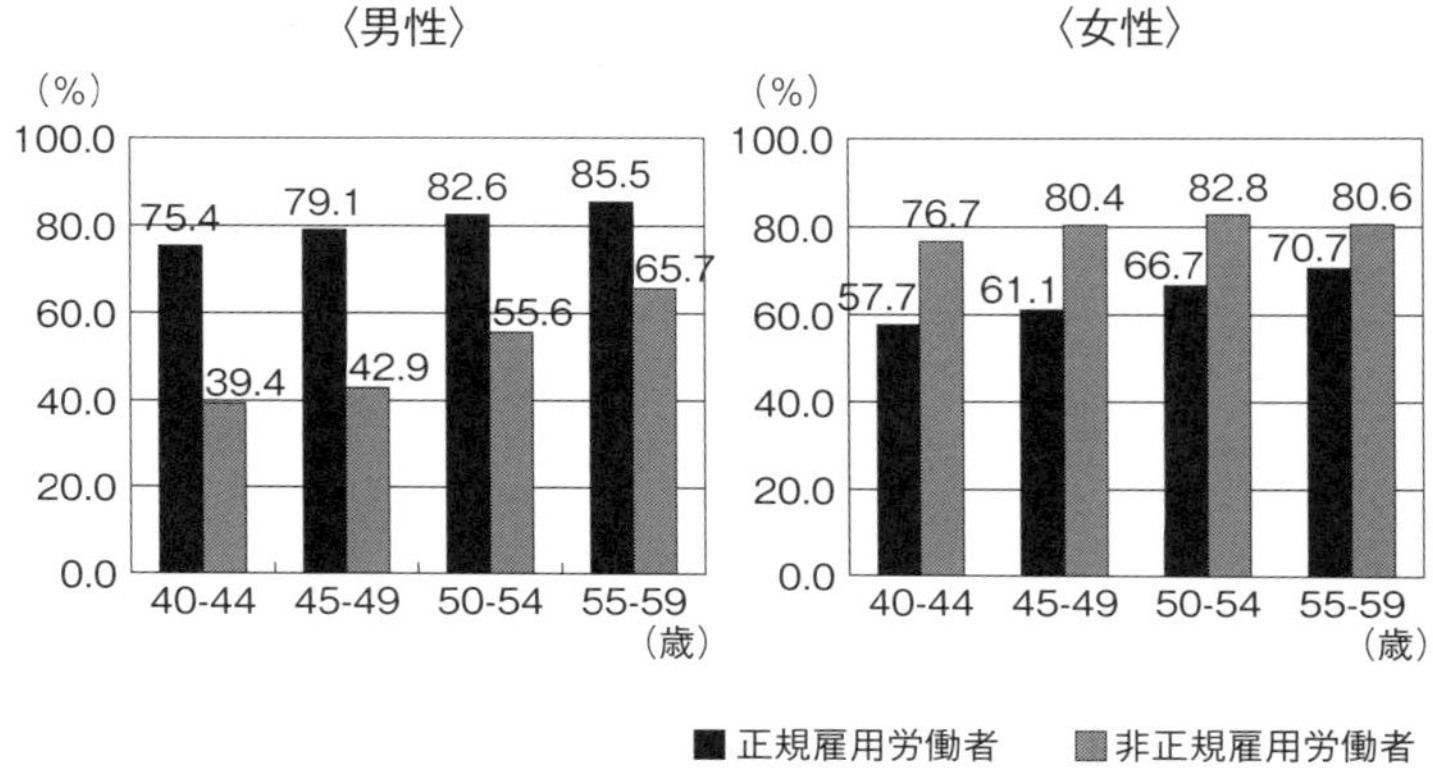

出典：厚生労働省職業安定局「非正規雇用対策・若者雇用対策について」

歴と結婚の関係はほぼ消えてしまいました」

では「身長」はどうか。思い起こせばバブルの時代と言われた1980年代後半～90年代前半、結婚相手には「3高」、すなわち「高学歴、高年収、高身長」の男性を狙え、との俗説があった。山田さんは、身長と未婚率についてのデータも調べたが、男性は予想どおり、高身長ほど既婚者が多かったものの、女性では相関が見られなかったという。

ここまで聞いた時点で、私はひとつの失礼な疑問を口にしてしまった。年収も雇用形態も学歴も、さらには身長までもが関係ない。だとすれば「顔」、すなわち美人かそうでないかぐらいは、未婚・既婚に影響するのではないか……。

すると驚くことに、山田さんはそこも、ある結婚相談所と調査研究を図ったという。「複数の人間が判定して、ルックスの良し悪《あ》しと婚姻率の相関を見ました。すると男性では、顔以外の条件がほぼ同じだと、圧倒的にイケメンのほうが既婚率が高かったのに、女性ではこれもまったく差が出なかった。10点満点の女性も1、2点と評価された女性も、既婚率はほとんど変わらなかったんです」

厳密には、結婚の前段階で「交際したい」など、異性から声がかかる確率は、やはり美人のほうが高かったそうだ。ところが、いざ結婚となると差が見られなかったという。

なぜ、こうした結果が出たのか。山田さんの推測は2つだ。ひとつは、いわゆる「選《え》り好み説」、すなわち美人は理想が高いから、そこそこの男性とは結婚しない、妥協しないとの説。もうひとつは「男性気後れ説」、すなわち男性が「こんな美人じゃ、僕程度の男とは結婚してくれないだろう」、あるいは「僕と付き合うなんて、きっと裏に何かあるに違いない」と尻込みしたりやたらと勘ぐり過ぎたりしてしまい、プロポーズまで至らないとの説だ。

いずれにせよ、既婚・未婚が「運」しだいとなれば、当の女性には如何《いかん》ともしがたい。あえていえば、ある時点で妥協するかしないかぐらいだろう。山田さんも「女性のおひとり様は、自己責任ではない、予測もできない。男性に比べてこれといった特徴がなく、多種多様なんです」と言い切る。

十数年後、全人口の半数が「おひとり様」になる理由

本書の「はじめに」で、日本は２０３０年、全人口の約半数が「おひとり様（独身）」になる（【図表1-3】野村総合研究所予測）という衝撃の現実をお伝えした。ここではまず、その詳細を見てみよう。

野村総研の予測によると、30年時点で「未婚」、すなわち一度も結婚しない状態にある男女は全人口の約3割（29％）、他方、「離別」（バツイチ、バツニ……）と「死別」、すなわち伴侶に先立たれた「没イチ」の合計が約2割（18％）と出ている。これらすべての合計（独身、シングル）が、約5割（47％）という内訳だ。

死別・離別が増えると聞いて、「まさか熟年離婚が増えるのか」と怯《おび》えた男性もいるかもしれない。確かに、昨今は「卒婚《そつこん》」という名のお洒落な離別スタイルが話題を呼んでいるが、一般に妻たちは「損」と感じる時期には離婚しない。

図表1-3　2030年の配偶関係別人口予測

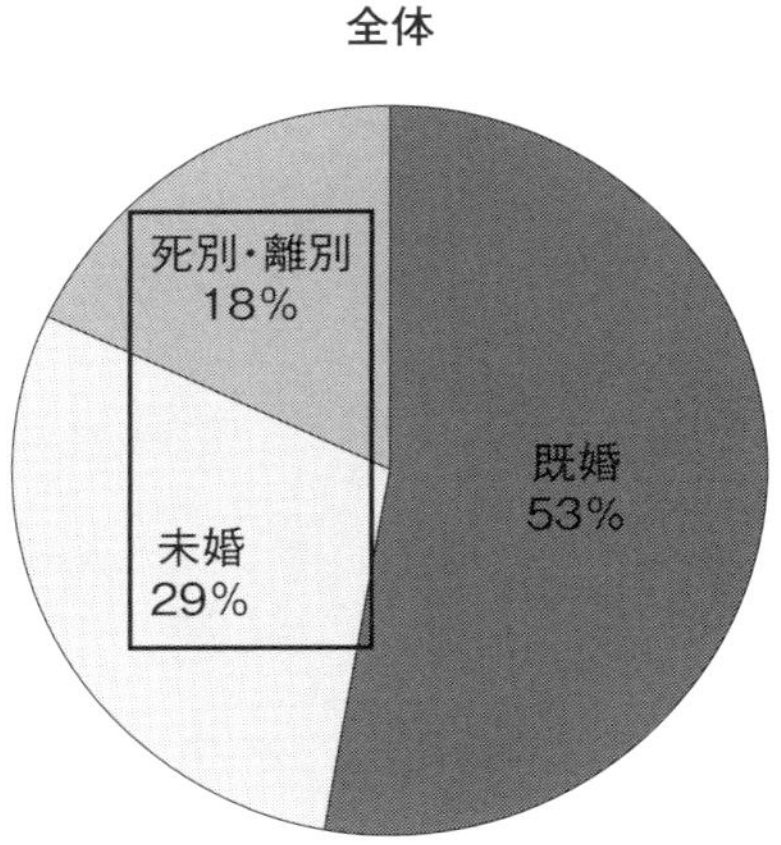

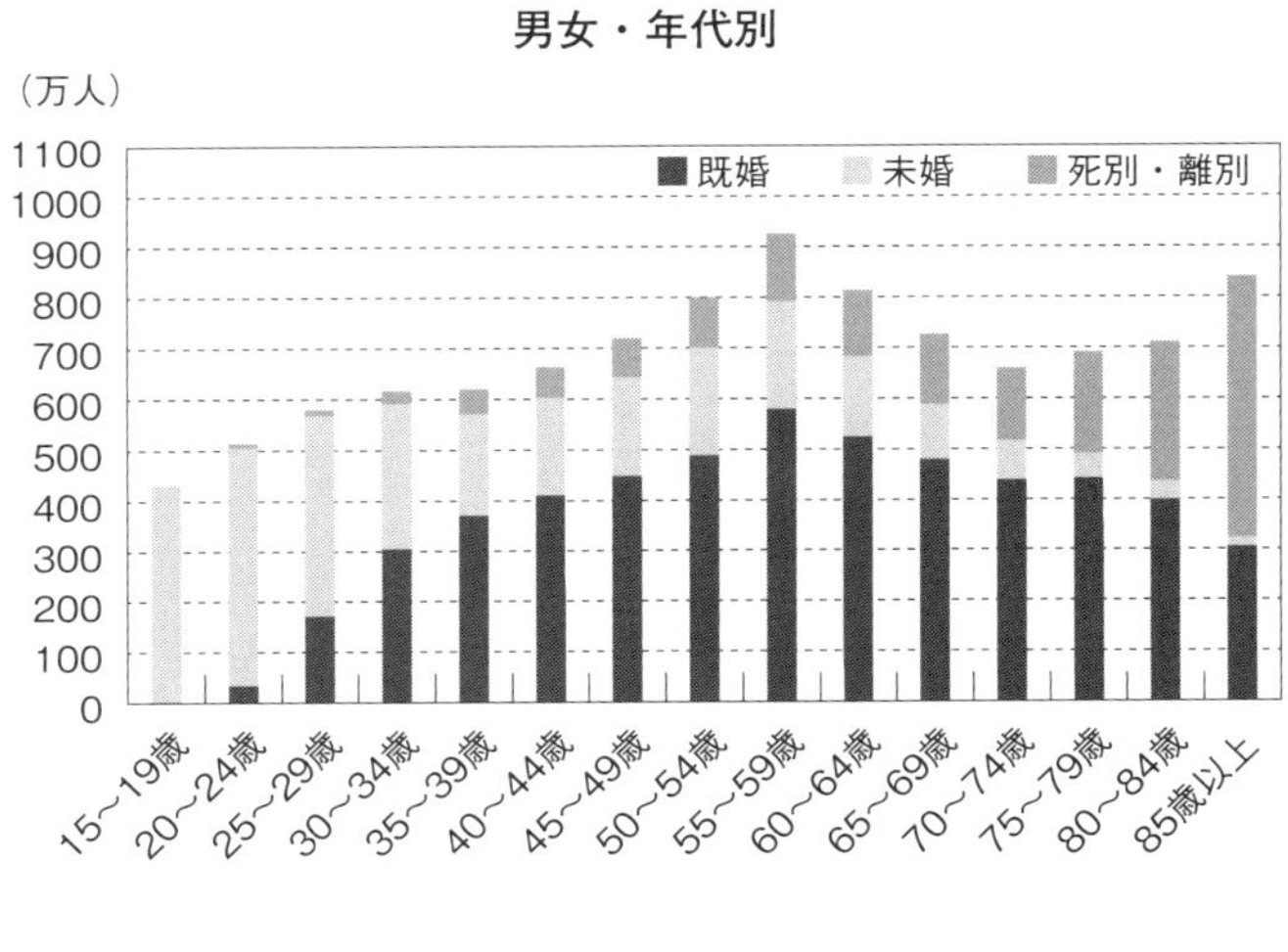

出典：野村総合研究所予測

有名な話が、80年代後半に始まる妻たちの「不況先読み説」。これはバブル期以降、しばらく「離婚」（8割は妻が言い出す、とされる）が景気の先行指標のような動きを示していたことから、囁かれ始めた。すなわち、離婚が増えるとその1〜2年後に景気がガタッと落ち込み、逆に減るとその数年後に景気が回復し始めるとの動きだ。これを見て、複数の経済学者は「女性特有の『動物的なカン』が景気悪化を予知し、子どもの養育費や慰謝料などを考慮して、早め早めに離婚を切り出すためでは」と推測する。逆に「そろそろ景気が上がるかな（数年後に景気上昇）」というカンが働くと、女性は「まだしばらく夫婦でいよう」と離婚を控える、だから景気上昇の数年前から離婚が減るのだ、との説だ。

真意のほどは定かではない。ただ妻が、夫が思う以上に「冷静に」離婚を考えているのは間違いない。離婚件数は02年の約28万９０００件をピークに、その後ほぼ減少の一途を辿っているが、09年に微増ながらいったん増加に転じたのは「07年に、離婚時の厚生年金分割に関する制度が導入されたから」、だからそれまで我慢していた妻たちが「よし」と一気に別れを決めたのでは、と言われる（厚生労働省「人口動態統計」）。

話を戻そう。「離別・死別」で今後、目に見えて増えるのは「死別」。とくにシニア年齢の男女での増加予測が顕著だが、その鍵を握ると考えられているのが、日本最大の人口ボリュームである「団塊世代」（１９４７～１９４９年生まれ）。彼らは現在70歳前後で、２０１６年現在の平均寿命（厚生労働省調べ）に照らすと、多くは女性であと20年前後、男性であと10年前後生きることになる。妻は夫と同い年なら平均10年弱、夫が数歳年上なら10年以上、夫亡きあとひとりで残るケースが多い計算だ。ゆえに、２０２５年から30年にかけて急増するおひとり様は、団塊世代ら「80歳前後の死別女性」になる。

ちなみに、本書の主役であるミドル女性の「離別（離婚）率」は、40代で９・１％、50代で10・０％といずれも１割程度（総務省統計局「平成27〈２０１５〉年国勢調査」）。日本でも「結婚した夫婦の３組に１組が離婚する」と言われて久しいが、おひとりウーマンの世代については、10組に１組程度と、さほど多くはない。

では、２０３０年に全体の約３割を占める「未婚」はどうか。

まず若い世代。私が拙著『恋愛しない若者たち』（ディスカヴァー携書）でもふれたとおり、いまや20代男女の約７割に恋人がいない。しかも内閣府の報告（「平成27〈２０１５〉年版少子化社会対策白書」）で判明したのは、男女とも恋人がいない未婚者の約４割が「恋人は欲しくない」と言い切ったこと。彼らの世代は９割以上が「恋愛結婚」をイメージしているため、一部の計画的な男女を除けば、「いつかは結婚したいな」「でも恋愛は面倒だからな」

と、結婚がずるずる先送りされていく。多くの専門家が指摘するとおり、結婚制度によほど画期的な新概念を取り入れない限り、婚姻率の伸びは期待できない。

そして本題の、おひとりウーマンである。40代女性の未婚率は、直近で17・7%と、約25年前（1990年頃）に比べて3倍以上に増えた【図表1-4】。ここにバツイチ、バツニなど離別・死別の独身女性を加えると、現時点でも40代女性全体の約3割、実に250万人近くがおひとり様だと分かる【図表1-5・図表1-6】。

50代女性ではこれより少ないが、それでもすでに1割超（10・2%）、10人に1人以上がまだ一度も結婚していない。この割合（50代

図表1-4　40、50代女性未婚率の推移

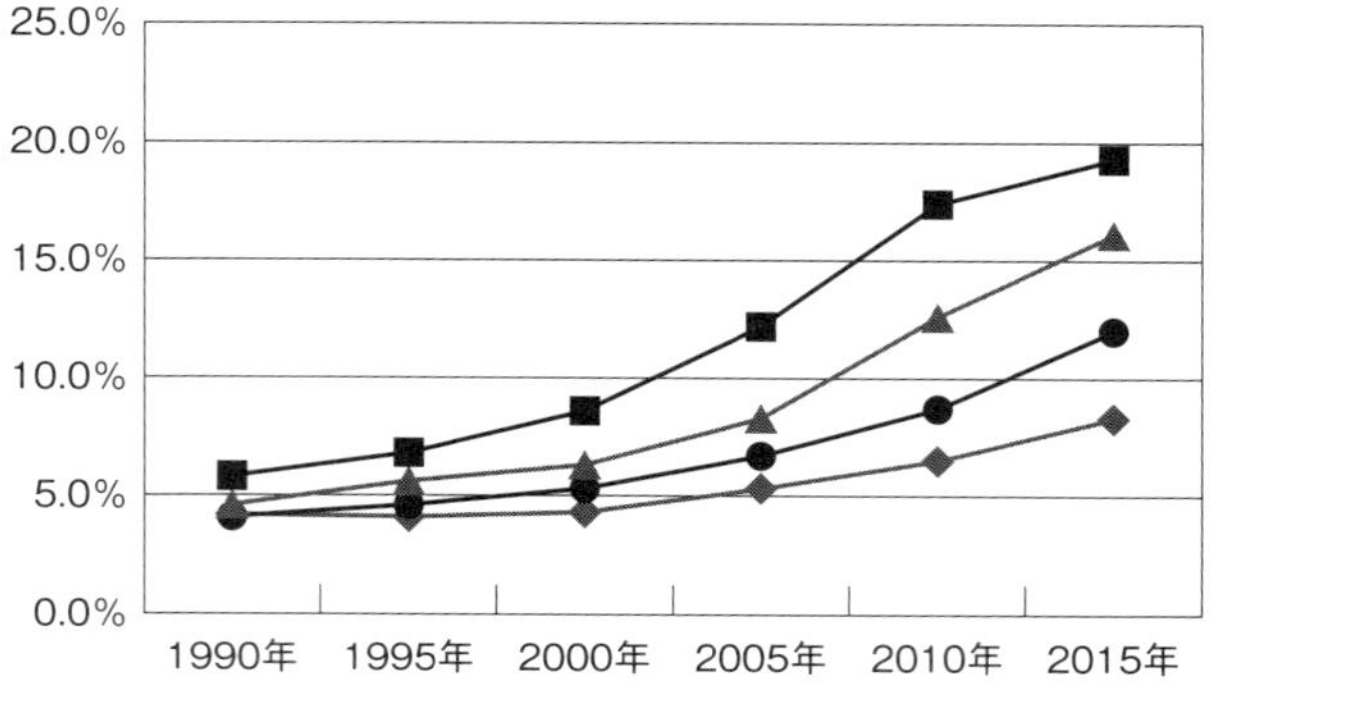

出典：総務省統計局「平成27年国勢調査」

図表1-5　40、50代女性離別率の推移

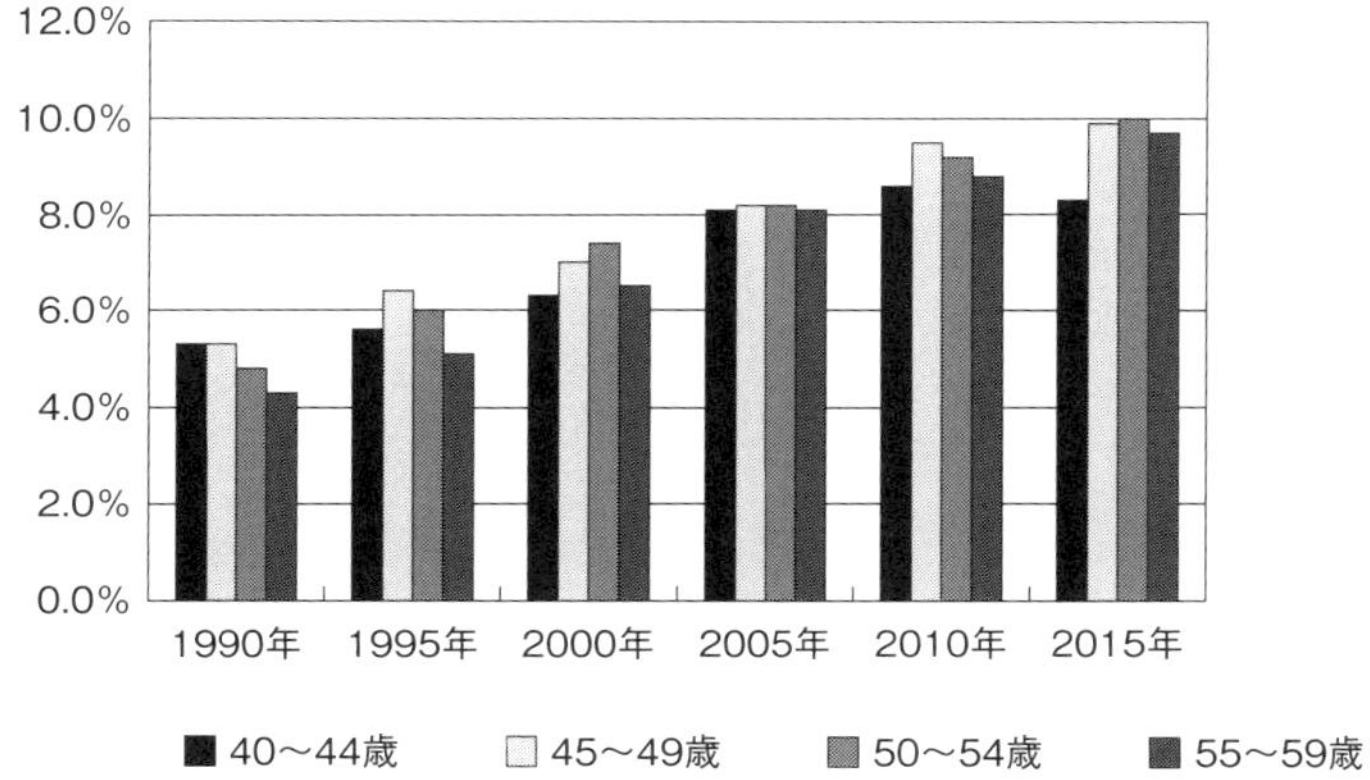

出典：総務省統計局「平成27年国勢調査」

図表1-6　40、50代女性人口比

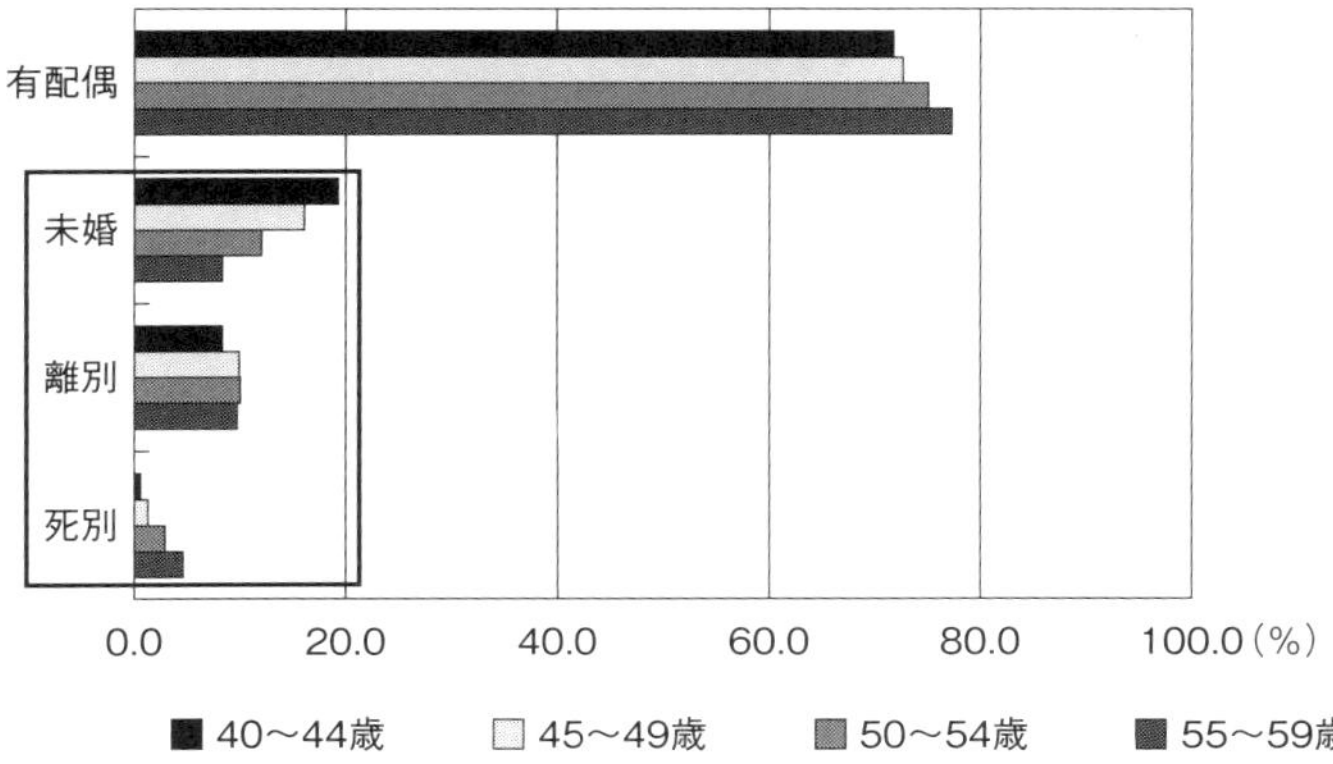

出典：総務省統計局「平成27年国勢調査」

図表1-7　生涯未婚率の推移（将来推計含む）

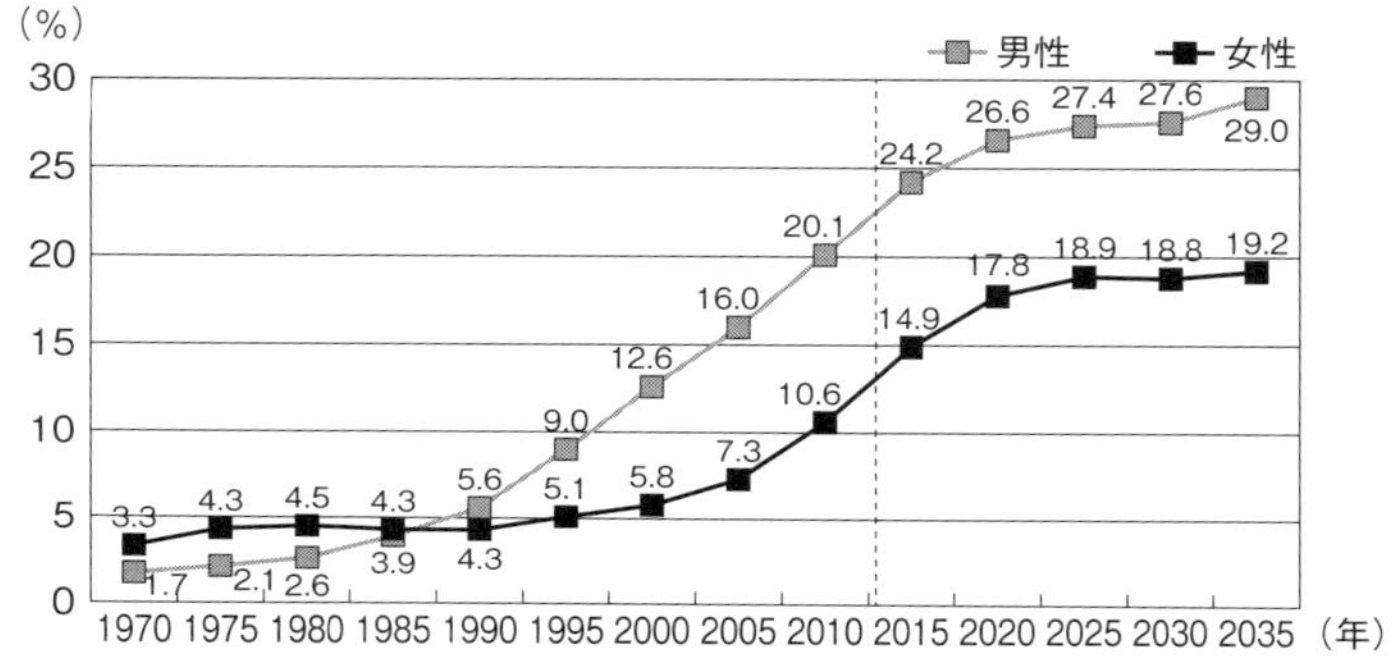

資料：国立社会保障・人口問題研究所「人口統計資料集（2015年版）」、「日本の世帯数の将来推計（全国推計 2013年１月推計）」

（注）生涯未婚率とは、50歳時点で１度も結婚をしたことのない人の割合。2010年までは「人口統計資料集（2015年版）」、2015年以降は「日本の世帯数の将来推計」より、45～49歳の未婚率と50～54歳の未婚率の平均である。

出典：厚生労働省「平成27年版厚生労働白書」

女性の未婚率）は２０３０年にかけて、間違いなく増えるだろう。なぜなら後述のとおり、女性の未婚化が顕著になったのは90年代半ば～後半、当時の30歳前後（現アラフィフ）を中心に「女性の社会進出」が進んだころだからだ。

現在の生涯未婚率は、「50歳の時点で一度も結婚していない男女」、正確には45～49歳と50～54歳の未婚率中央値を平均したものだ。私が第５章で示すとおり、昨今は一般女性の間でも「アラフィフ婚」願望が高まっていて、婚活現場でも有望なマーケット。その観点では、「50歳過ぎたら、生涯結婚しないだろう」との決めつけは経済的観点からも明らかに損で、将来的には見直されるに違いない。ただ、現状では男性で23・4％とおよそ4人に1人、女性で14・1％とおよそ7人に1人が生涯未婚。

これが現40代の大半が50代半ばかそれ以上となる2030年にはどうかというと、女性の約2割（18・8％）、実に5人に1人近くが「生涯おひとり様」になる、というのが厚生労働省の見込みである（「平成27〈2015〉年版厚生労働白書」【図表1-7】）。

「負け犬世代」の葛藤と90年代に起きた「革命」

ではなぜ、1990年代半ば～後半に「おひとり様」が増えたのか。

最大の要因は、86年に施行された「均等法（男女雇用機会均等法）」の改正（1997年）と、それに伴う「女性の社会進出」だと見られている。

85年まで1割にも満たなかった30代女性の未婚率は、95年に約15％に、2000年には20％超と5人に1人に達した（総務省「国勢調査」）。こうした状況を受けて03年、コラムニストの酒井順子さんが著書（『負け犬の遠吠え』（講談社））を通じて提示したのが、「負け犬」という言葉。記憶に新しい方も多いだろう。

通常は30代で未婚、あるいは結婚しても私のように子どもがいない「子ナシ」女性のこと。酒井さんは半ばコミカルにこの言葉を使ったが、言葉はひとり歩きし、直後から企業内で「お前は仕事ができても『負け犬』じゃないか」などと揶揄《やゆ》されるアラサー女性が増えていた。そこで翌04年、私が既出の『男が知らない「おひとりさまマーケット」』を書き、朝日新聞紙上などで「30代未婚女性は負け犬か、おひとり様か」と論争になったのだ。

日本は、いまだに「グローバル・ジェンダー・ギャップ指数」、すなわち政治、経済ほか全4分野で男女格差を分析した指数が、世界144か国中114位と極端に低く、相変わらず男女平等とは言いがたい（世界経済フォーラム〈WEF〉調べ　2017年）。それでも86年に均等法が施行され、90年代後半に法改正がなされたことで、それまで門戸を閉ざしていた総合職や技術職にも女性を採用し始めたのは画期的だった。それまで、新卒募集や採用、配置・昇進に関して「男女差別をなくすよう、努力せよ」とされていた努力義務規定が、90年代後半、いずれも原則、差別禁止規定へと変わったのだ。

こうした革命的な変化の中で「均等法第一世代」と呼ばれたのが、80年代後半～90年代前半に採用された私たち「真性バブル世代」、現40代後半～50代前半（1965～1970年生まれ）のミドル女性だ。仕事に打ち込むあまり、のちに結婚・出産しそびれて「負け犬」

となった女性が多いことから、「負け犬世代」とも呼ばれる。

入社当時、彼女たちはまだ「職場の花」だった。聞こえはいいが、裏を返せば「女の子」扱いされていたわけだ。私も同世代、新卒で大手出版社に入社したのは91年だが、当時はまだ社内に明らかな男女差別が横たわり、女性にだけ「お茶当番」というよく分からない職務が課せられた。いや、正確には職務ではない。「女なんだから」、たとえ総合職であっても、男性より30分以上早く出社し、部全員の机を拭き、朝のお茶やモーニングコーヒーを淹《い》れ、会議用のお弁当と換えの灰皿を用意するぐらいは当たり前だろう、という暗黙の了解があったのだ。もちろん拒否権はなかった。

もっとも、その上の「新人類」（１９５９～１９６４年生まれ）、現50代半ば前後の女性たちはさらに過酷な状況に置かれていたようだ。忘れられないのは、拙著『「バブル女」という日本の資産』（世界文化社）で取材した、元インフラ系企業勤務のユウコさん（54）。

いつも大きな会議の前には、１人で１００人分近いお茶を淹れさせられたそうだ。その際、茶碗本体と蓋に描かれた花柄が少しでもズレていれば、「女のクセに、気が利かない」とやり直しを食らう。「『なぜ有名大学を出て留学までしたのに、こんな仕事しか任されないの？』と、毎日のように4階（オフィス）の窓から飛び降りたかったんです」

私が目を丸くして「なぜ?」と聞くと、飛び降りれば事件として報道され、「そこまで女性を蔑視《べっし》していたんだ」「男女差別はやっぱりおかしい」となり、男女平等社会へのきっかけになると思った、とのこと。彼女の声は極端だが、職場に「物言えぬ抗議」をするのが精一杯だったのが、均等法前夜の「新人類」女性たちなのである。

彼女たちは結婚が決まると、約4割が「寿退社」でいったん会社を辞めていった(国土交通省「平成24〈2012〉年度国土交通白書」)。その下、真性バブル世代の私たちも、20代後半になって結婚せず会社に居続けていれば、40、50代の男性上司から「あれ? まだ辞めないの?」とあからさまな肩叩きに遭い、「男に不自由してるなら、付き合ってあげるよ」などとからかわれたものだ。いまなら即、セクハラ認定であろう。

ところが90年代半ば~後半に、よくも悪くも大きく潮目が変わった。

先の均等法改正だけではない。96年、女性の間で短大と四年制大学への進学率が逆転する一方で、99年には「労働者派遣法」の派遣業種が原則自由化された。それまで専門性の高い業種に限られていた「ハケン(派遣社員)」が一般企業でも広く雇用されるようになり、高学歴で総合職などに就いた女性たちは、本業に集中しやすくなったのだ。

家電とＩＴが「男は仕事、女は家庭」の必然を奪った？

ここで解放感を抱いたのが、均等法第一世代。それまで正社員女性がやるのが当然とされてきたお茶汲みやコピー取りは、均等法改正を機に「男女差別」とみなされ、彗星《すいせい》のごとく登場した派遣社員や「セルフ」、すなわち各々が自分で行なうスタイルへと移行し始めた。オフィスコーヒーサービスのユニマット（現〈株〉ユニマットライフ）や飲料の社内自販機、さらにはコピー取りを外注できるＫｉｎｋｏ，ｓ（キンコーズ・ジャパン〈株〉）などの便利なサービスも普及し、「コピーやお茶汲みは女性の役目」との概念が薄れた。

おひとりウーマンのジュンコさん（48）は、次のように当時を振り返る。

「職場でコピー用のカードが１人に１枚ずつ支給され『これからは自分でコピーしましょう』と案内された日、『これで大量のコピー取りから解放される！』『ついに私たち（女性）の時代が来た！』と胸躍った。牢獄から『シャバ』に出たような解放感でした」

ちょうどこのころ一世を風靡《ふうび》し始めたのが、アメリカでヒットしていた人気ドラマ「セックス・アンド・ザ・シティ」。主役のキャリー（サラ・ジェシカ・パーカー）らに憧れ、「頑張って働き続ければ、いつか男性並みに出世できる」と、バリバリ働くファッショナブルなキャリア女性、通称「バリキャリ」を目指したのもまた、均等法第一世代の女性たちだった。

一方で、このころ彼女たちに囁かれ始めたのが、次のような台詞《せりふ》だ。

「こうなれば、イマイチな男性と無理に結婚する必要はないね」「もう少し待てば、理想的な相手に出会えるかも」……いわゆる、結婚先送り現象である。

実は、女性の社会進出と「未婚化」は、密接な関係にある。かつてアメリカの経済学者、ゲーリー・ベッカーは「女性の社会進出が、未婚化を推し進める」、すなわち女性が経済力を身につけるほど結婚の経済的アドバンテージが弱まり、未婚率の押し上げ要因となる、との説を展開した。日本でも、少なくとも最近までは、この説が有効だったようだ。

たとえば、90年代から00年代初頭にかけて、先進国における女性の所得と婚姻率（初婚）の関係を検証した、国立社会保障・人口問題研究所の福田節也さんの研究。

その内容を見ると、「性別役割分業」志向の弱いイギリスや北欧諸国では、高収入の女性が婚姻率や出生率の上昇を促進していた（ベッカーの説と逆）。ところが分業志向が根強いイタリアと日本では、女性の収入が一定水準まで上昇すると、明らかに未婚化が進んでいたという（「日本経済新聞」２０１７年5月1日）。

推測でしかないが、おそらく「男は仕事、女は家庭」といった分業志向が弱い国では、女性が高収入を得ることで、男性も「結婚にメリットがある」「子作りに励んでも心配ない」と考えるからだろう。これに対し、近年のアジア各国のドラマ、たとえば韓国や台湾、中国ドラマを観ると、バリバリ働くシングル女性がよく「仕事ばかりしているから結婚できないんだ」と親世代になじられ、「負け犬」などと呼ばれている。とくに韓国は、性別役割分業の意識が極めて強いから、日本以上にベッカー説が有意なのかもしれない。

いまとなっては時代遅れの感も強い、「男は仕事、女は家庭」の概念。だが、経済学者で立教大学経営学部教授・亀川雅人さんは、「そもそも社会は『分業』と『協業』で成り立っている。高度成長期やバブル期など経済効率を重視する時代には、男女が分業制でそれぞれの役割に特化したほうが、合理的だったはず」だと分析する。

いわく、日本も農業中心だった縄文〜弥生時代は、男女が同じように働き、大家族で共に子育てをし、特殊な分業はほとんど必要とされなかった。ところが明治から昭和、さらには戦後にかけて工場での労働や核家族化が進むと、肉体労働は男性に、細やかな家事労働は女性にと、それぞれの得意分野での分業化が進んだ。もちろん明治政府によって確立された「家父長制（父親や長男にさまざまな権限、決定権を持たせる考え方）」も、男女の性別による「男たるもの」「女らしく」の固定概念を後押ししたが、「それとは別に、力が強く〝専門性〟が高い男性が外で働いて、視野が広く家事など〝複数〟を同時管理できる女性が家を守るほうが、経済効率を追求しやすかったのでしょう」と亀川さんはみる。

ところが90年代後半、家庭用の家電はどんどん進化を遂げ、皿洗いさえ卓上の「食洗機（食器洗い乾燥機／家庭用は96年から普及）」が行なう時代に入った。買い物も然り、同時期に飛躍的な進化を遂げたインターネットによって、いつでもどこでも好きなものが買えるようになった。他方の仕事も、ネットやＩＴの進化で、大部分が肉体労働より、複数の業務を総合的に管理する時代に。かつての家事労働はどんどんアウトソーシングされ、仕事も力要らずになり、女性が結婚した後も能力を活かし働ける環境が整ったわけだ。

「こうなると、わざわざ性別による役割分業を行なう必要がない。男女とも家事は最新家電やコンビニ弁当に、買い物はネットショッピングに頼って外で能力を活かせるわけで、『女性が家にいないと』ではなくなります。『男女で手分けして』という分業の必然性が弱まれば、おのずと社会は『個（個別、独身、独立など）』に向かうものです」（亀川さん）

「ハケン」の登場に翻弄された、団塊ジュニア

ここまで読んで、「日本の1990年代半ば〜後半は、女性解放の時代だったんだ」「個を後押しする革命が起きたんだ」と感じた方もいるかもしれない。だが、いいことばかりではなかった。とくに割を食ったのが、均等法第一世代からひとつ下の、団塊ジュニア（1971〜1976年生まれ／現40代前半〜半ば）、別名「貧乏クジ世代」である。

私はこの世代の女性を長年、複数の企業と研究してきた。始まりは2004年秋、積水ハウス（株）と弊社〈（有）インフィニティ〉の2社で起こした「これからの家族を考える会」。その後は12年夏以降、（株）サンケイリビング新聞社のOL向けフリーペーパー「シティリビング」と共同で起こした「OLマーケット研究会」などで研究を続けた。

彼女たちにはインターネットアンケートなど定量調査のほか、グループインタビューや「お宅訪問調査」といった定性調査も数多く実施。まず感じたのは、団塊ジュニアはすぐ上の均等法第一世代（真性バブル世代）ほど、仕事に夢をもっていないということだ。

多くは、93年に始まる初の「就職氷河期」に当たった。92年春に2・41あった大卒の有効求人倍率は、93年に1・91へと急降下、96年には1・08までと凋落《ちょうらく》の一途を辿《たど》った（厚

生労働省「労働市場年報」ほか）。とくに女性はなかなか思うような仕事に就けず、「本当は別の会社に入りたかった」「もっと自分らしく働きたい」と強く感じていた。

90年代後半、お茶汲みから解放されたことも、必ずしもプラスにはたらいていなかった。高校、大学時代にずっと体育会系のマネージャーを務めていたハルカさん（44）は、「お茶を淹れたり誰かをサポートしたりするのが大好きなのに、『そんなことを正社員のお前にやらせるほど、会社に余裕はないんだ』と言われて落ち込んだ」と話していた。

また同時期の99年、正社員から会社に縛られない「ハケン」に移行した女性たちも、予想以上に幸福実感が薄かった。今回取材した、おひとりウーマンのユウミさん（43）もそのひとり。「あのころは能天気だったな」と苦笑いする。

「ハケンになれば、『24時間戦えますか』なんてがむしゃらに働く先輩と違って、『9時（から）5時（まで）』で仕事を終えられる。〝アフター5〟を趣味や習い事に充てられる、夢のような働き方に見えたんです。だからこそ、ブームだった『ケイマナ』で英会話やお菓子作り、フラワーコーディネイトのスクールを探しまくり、あちこち通いました」

ケイマナとは、習い事や資格スクールの月刊情報誌「ケイコとマナブ」（リクルート）の略称。同誌の創刊は90年、関西、東海、福岡でも発刊されるようになったのが93〜00年だ。

ユウミさんのように93年以降の数年間に入社した団塊ジュニアは、「ケイマナ第一世代」や「自分探しの世代」とも呼ばれる。経済が傾き始め、しだいにバリキャリの限界、いわゆる「ガラスの天井（職場などでおもに女性の昇進を阻む、目に見えない天井のようなもの）」が見えるようになり、下の世代が「先輩のようにがむしゃらに働いても、所詮出世はムリ」だと感じ始める……。ユウミさんもその典型だろう。

だが05年ごろになると、憧れのハケンにも「壁」があることが知れ渡る。働けどボーナスは出ない、ほとんど年収も伸びない、下手をすれば歳をとるほど下がるのだ。

たとえば16年時点で25～29歳の非正規女性の年収は192・2万円だが、40～44歳では同194万円とわずか2万円弱の違い、45～49歳では同190・5万円と逆に3・5万円も低い（厚生労働省「平成28〈2016〉年賃金構造基本統計調査」）【図1-8】。

本書にも第2章以降、正社員から派遣になった独身女性が何人か登場するが、彼女たちの多くは「派遣にならなければよかった」と悔やむ。結婚生活や子育てに注力したいからと、あえて非正規に方向転換する既婚女性とは違い、40歳を過ぎて年収200万円弱でやりくりするおひとりウーマンは大変だ。07年には、先のユウミさんとほぼ同世代の女優・篠原涼子さんが主演するドラマ「ハケンの品格」（日本テレビ系）が、派遣社員の苦悩や割

図表1-8　女性の正規・非正規　賃金カーブ

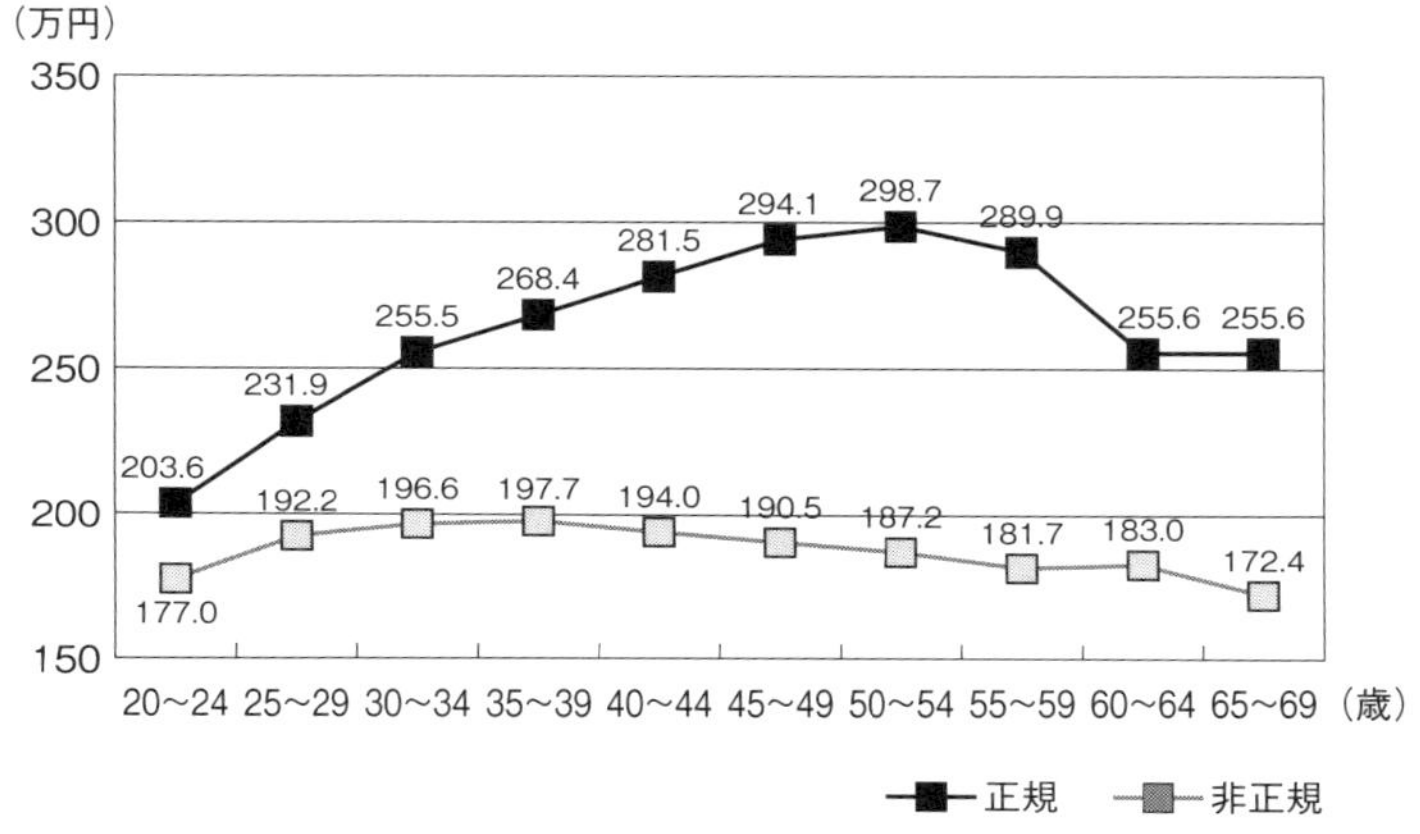

出典：厚生労働省「平成 28年賃金構造基本統計調査」

り切りをコミカルに表現した作品として話題を呼んだ。

白馬に乗らない王子と「ガラスの地下室」

その翌年、２００８年が、先の山田昌弘さんがジャーナリストの白河桃子さんとともに『「婚活」時代』（ディスカヴァー携書）を著した年。この本を機に、00年代後半には「婚活ブーム」が到来、「バリキャリ人生は損」「やっぱり結婚しないと」との気運が、社会全体に広がった。当時30代半ば前後だった団塊ジュニアの独身女性は、まさにバリキャリから「ゆるキャリ」へ、「負け犬の遠吠え」から「ゼクシィ」（リクルートの結婚情報誌）へと舵《かじ》を切り始めたのである。

ところが、待っていても「白馬の王子さま」はなかなか現れない。実はそのころ、独身男性たちは馬にさえ乗らなくなっていた。その原因が、おひとり様が増えたもうひとつの要因、すなわち90年代半ば～後半に訪れた「バブル崩壊」だと私は確信する。

06年、拙著『独身王子に聞け！』（日本経済新聞社）を書いたとき、私はバブル崩壊、とくに長銀（日本長期信用銀行）と山一（證券）の経営破たんが30、40代（現40、50代）の独身男性にどれほど深い傷を与えたのかを改めて知った。取材段階で聞こえてきたのは、彼らのこんな切実な声だ。

「昔から、『いい大学、いい会社に入れれば一生安泰だ』と信じてきたのに、バブルがはじけてすべてが崩れ去った。いつ会社が潰《つぶ》れるかと思うと、妻子を養う自信は持てない」

「山一破たんのニュースに、目の前が真っ暗になった。あんな大きな会社が潰れるようじゃ、怖くて結婚どころじゃない。自分ひとり守るのに精一杯ですよ」

バブル崩壊で「傷ついた戦士」となった彼らは、その後の婚活市場にもぱったり姿を見せなくなった。とくに内にこもってしまったのが、中小企業勤務や非正規雇用の男性たち。

私は00年代後半、あちこち婚活イベントを取材したが、主催者の多くが「女性参加者10に対し、男性は1か2程度しか来ない」と嘆いていた。仕事が忙しいせいもあるだろうが、それ以上に耳に入ったのは先の台詞、すなわち「妻子を養う自信がない」である。

これを聞いた私は、「30、40代（現40、50代）の男性って、なんて生真面目《きまじめ》なんだろう」と痛感した。というのも、08年に拙著『草食系男子「お嬢マン」が日本を変える』（講談社＋α新書）を書くにあたり、06年から20代半ば前後（現30代半ば前後）の若者研究に入っていたから。

彼らは、「レディースプランがあるのに、なんでメンズプランがないんスか？　逆差別ですよ」「異性でも友達どうしならワリカンなのに、付き合った途端に『男が奢るのが当たり前』みたいな目で見られるのはおかしい」といった声を堂々とあげていた。いまや男女平等の時代なんだから、恋愛や結婚もワリカンや家計のシェアなど「平等」でなければおかしい……、確かにそうだ。「男の沽券《こけん》って、意味分かんないッス」の声も、複数聞いた。

対する現40、50代男性は、一般にナイーブで恥を嫌い、子どものころから「男が妻子を養うべき」と言われて育った世代だ。とくに地方出身の長男ほど、その思いは強い。また新卒で入社した直後も、年功序列・終身雇用制がギリギリ残っていたから、「頑張って働けば、出世できる」「いざとなったら、会社が自分を守ってくれる」と考えやすい。そんな忠誠心や信念を、バブル崩壊と後に続く長い不況は、根こそぎさらっていったのだ。

私は、同世代の傷ついた男性を見るたび、「損しているな」「現代は男が損する、『男損《だんそん》』の時代だな」と感じるが、アメリカの社会学者ワレン・ファレルさんによる『男性権力の神話』（作品社）を訳した久米泰介《くめたいすけ》さんは、収入と引き換えに危険な職種や長時間勤務を強いられる男性の状況を「ガラスの地下室」と表現した。まさに言い得て妙だ。

……女性の高学歴化や均等法の改正と、それに伴う女性の社会進出。さらにバブル崩壊後に広く一般化した派遣社員（非正規雇用）と「ガラスの天井」「ガラスの地下室」の顕在化。これらの大きな社会変化が、結果的に数多くのおひとりウーマンを生むことになった。とくに90年代半ば以降に見られる未婚率の上昇は、世界的にも珍しいほどの急スピードだったとされる。

元厚生労働省の官僚で『働く女子の運命』（文春新書）などの著書をもつ、労働研究者の濱口桂一郎さんは、16年6月、私があるパネルディスカッションでご一緒させていただいたとき、次のように言い切った。

「日本で『未婚化』がこれほどのスピードで進んだのは、ひとえに女性の社会進出とバブル崩壊、この2つが、たまたまほぼ同時期（90年代半ば〜後半）に起こったからです」

なるほど、いま思えばタイミングも悪かったとしか言いようがない。

おひとりウーマンの4割は、現状に満足

では1990年代半ば以降、相次ぐ苦境に立たされてきたおひとりウーマンは、果たして「不幸」なのか。いや、そうとは言えない。

たとえば、ある財団が「未婚ミドルの生活満足度」について調べた調査。この中で、仕事や家族、友人、年収など全6項目から成る生活全般に関する満足度を聞いたところ、未婚のミドル男性では「満足派（「満足」「まあ満足」の合計）」が25・8％に留まったのに対し、「不満派（「やや不満」「不満」の合計）」が27・5％と約2％、満足派を上回った。対する未婚のミドル女性では、「満足派」が37・1％と約4割、「不満派」が24・6％と4人に1人弱で、満足感を抱いている女性のほうが圧倒的に多かった。

決め手はなにか。同調査で「満足派」の未婚ミドル女性が満足を抱いている上位項目を見ると、「年収・財産」と「健康状態」、この2つが重要であろうことが分かる（ダイヤ高

齢社会研究財団「40代・50代未婚者の生活と意識に関する調査」２０１６年)。

「年収と健康、そういえば、これと似た傾向を何かで読んだな」

漠然とそう考えていた矢先の17年7月、私は『下流社会』(光文社新書)などの著者でマーケティング・アナリストの三浦展さんとお会いして「ああ!」と思い出した。彼が60歳以上の男女の傾向を分析した著書『下流老人と幸福老人』(同)に似た記述があったのだ。

該当箇所を要約すると、こうだ。三浦さんが三菱総合研究所と15年に行なった調査で、「あなたは、将来の生活に不安を感じていますか」とシニアに質問を投げたところ、やはり資産の少ない男女ほど将来不安を感じている様子が見てとれた。ただ具体的にどんな不安を感じているかを見ると、上位は「病気になる」「行きたいところに移動できなくなる」(健康不安)、その次に「生活資金の不足」(年収不安)などが続いた、というのだ。

……これらを受けて三浦さんが放った言葉が、「『生老病死』の不安に格差はない」。

そう、60歳を過ぎてシニア年齢になると、少なからず「自分の年金と貯蓄だけで生活できるのか」と悩むだろう。その部分には歴然と経済格差が存在する。だがそれ以上に不安を感じやすいのは「健康」。いくらお金があっても元気でなければ、行きたい場所にも行けなくなる。そこは貧富の差にかかわらず、如何ともしがたい。格差とは無関係なのだ。

とはいえ昨今は、その健康でさえ、ある程度の時間とお金を投資することで自己管理できる時代に入った。とくに、金銭的に依存できる伴侶がいないおひとりウーマンにとっては、自分の体こそが資本。今回の取材でも、10年、20年後の自分を見据えて健康の維持促進に努める女性たちが本当に多かった。詳しくは後述するが、たとえばサプリメントやスポーツジム、婦人科検診も含めた人間ドックやヨガ、マッサージ、整体、バランスのよい食生活や睡眠改善など。当然、そこに大きなビジネスチャンスもあるわけだ。

三浦さんも17年、最新の家計調査をもとに、ミドル女性も含めた男女の消費傾向を調べたという。すると、全年代を通じて最も目立っていた傾向は、やはり「健康志向」。とくに独身が多いと思われる単身世帯（ひとり暮らし）のミドル男性で、「ヨーグルト消費」の伸びが顕著だったという。

「独身男性は既婚者と違って、自分で健康管理をしなければならない。その一助を、ヨーグルトに求めているのかと推測できます」（三浦さん）

意外だったのは、若者だけでなくミドル年齢でも、男性の消費が女性化していたこと。また、いまのミドル男性は元来、クルマ好きだったはずなのに、今回の調査では前回よりクルマにかける消費額がかなり落ちていたそうだ。

「では男性でなにが増えたかといえば、ソファなどインテリア用品や家具、寝具、美容関連。対するミドル女性は外交的なイメージで、クルマや酒、焼肉などの伸びが顕著でした」

さらに年収400～600万円（比較的高年収）のミドル女性（おもに40代）では、ワインやチーズ、ミネラルウォーターなどの消費額も伸びていたという。

「恋活・婚活」に熱心なおひとりウーマンの特徴は？

私たちマーケッターは通常、ターゲットとなる消費者を大まかな属性や特徴によってカテゴライズする。対象者に極端な偏りが出ないよう、調査前からその属性を踏まえ、なるべく等しく散らばりが出るようにリクルーティング（調査対象の募集）するからだ。

本書では「数」を多く聞く定量調査は行なわず、「質」を深めて聞くインタビュー（定性）調査に集中した。そのため、対象人数も34人と限られていたため、さほど厳密に属性を見たわけではない。ただ、もしおひとりウーマンに大規模な定量調査を行なうとなれば、おそらく下記のような8項目を意識して募集するだろう。すなわち、
1　未婚か、あるいは離別・死別か

2　恋人や異性のパートナーがいるか、いないか
3　現在の年齢は40代前半か、アラフィフか、あるいは50代半ば〜後半か
4　世話焼き相手、たとえば離婚前に産んだ子や要介護の親、ペットなどがいるか
5　住まいは「ひとり暮らし」か、あるいは親・姉妹、友達や恋人などと「同居」か
6　雇用形態は、正規か非正規（派遣社員、パート、フリーランス）か
7　年収は300〜400万円以上か、それ未満か。職種はなにか
8　居住地域は都市部か、地方（田舎）か。また、郊外か駅近辺か

1、2の未婚か離別かや恋人の有無は、「恋活や婚活」への意欲に少なからず影響する。とくに現40、50代のおひとりウーマンは、程度の差こそあれ、青春時代に恋愛至上主義の時代を生きた。たとえ過去に辛い恋愛を経ても「もう恋なんてしない！」と宣言する女性はごくわずかだが、恋人がいれば婚活はしにくいし、離婚などで以前揉《も》めた経験があれば「付き合うのはいいけど、結婚は懲《こ》り懲《ご》り」と考えやすい。こうなると、「恋活」につながる美容系やファッション関連には消費しても、婚活サービスや婚活パーティに登録・参加することはまずない。ブライダル消費も発生しづらいだろう。

3の年齢は、2つの意味で重要だ。ひとつは「出産」をまだあきらめていない年齢か、もうひとつは「更年期」に差し掛かる年齢（一般にはアラフィフ）か、など肉体的にどの程度変化や衰えを感じる年齢にあるかである。

後述するが、得てして「年齢に負けたくない」と考えるおひとりウーマンは、妊活や女性ホルモンを促進するサプリメント、専用食品、あるいは先にあげたスポーツジムやヨガスクールなどに時間もお金も消費する。視力の低下や老眼に悩む女性も出始めるが「すわ、老眼鏡を買わなきゃ」とはならないのが彼女たち。ゆえに、カラーコンタクトや遠近両用のコンタクトレンズなど、「年寄りくさくない」サポート商品にもこだわる。

また、第5章でご紹介するとおり、今回の取材では歯のホワイトニング関連にまとまったお金を使うアラフィフ女性が数多く見られた。「歯を美しくしたい」と1年以上かけて矯正治療中のナナエさん（49）は、なんと友人から紹介された福岡の審美歯科に、横浜から毎月1回のペースで通っているほどだ。

そして4の「世話焼き相手」の有無、この部分も消費を見るうえでは、はずせない。

おひとりウーマンのほとんどに共通するのは、彼女たちが40、50代になったいまも「自分の満足感」を軸に消費することである。ただ数少ない例外が、自分以外に世話を焼くべき誰かがいる場合。離婚して子アリのシングルマザーになった、あるいは親が介護状態に入った、ペットが健康不安で通院が必要など。ほかにも、取材段階では「年上の彼氏の夢を叶《かな》えてあげたいから」と、60代のフリーター男性に貢ぐ女性までいた。

仕事に集中したい男性は、「世話焼き相手がいると、時間が制約されてコストもかかって大変だな」と感じるかもしれない。当然、そうした状況では旅行やクルマとの関わりも変わってくるし、ストレスも生まれやすいが、だからこそ第4章に書いたような「数十分、数時間だけでもひとりになりたい」といった「おひとりモーメント」消費も生まれる。

また、女性は少なからず「誰かのために尽くしたい」との母性本能をもった生き物。とくに40、50代になると、兄弟姉妹の子の世話を焼く「伯母（叔母）バカ」も含め、自分だけの「マイオンリー消費」では得られない充足感を求める女性も増えるのだ。

シーンと「ココロ」が導く、巨大な新市場

5の居住形態、すなわちひとり暮らしか誰かと同居かとの観点は、とくに「食」や「住空間」、あるいは家族との関係性を見るうえで非常に重要である。

たとえば親と同居なら、共に食卓を囲んだり大きめのロールケーキを買って帰ったりするし、「お母さん、これいいんだって」や「一緒に買おうよ」など、「家庭内口コミ」や「家庭内共同購入（おもに親が支払う）」が起きやすい。逆にひとり暮らしなら、「誰かと住みたい」とシェアハウスを下見したり、「納得できるクッションはないか」と半年以上探し回ったりするだろう。とくにインテリアや家電への思い入れは、ひとり暮らしのおひとりウーマンのほうが圧倒的に強く、本書の第3章にも、「ピーちゃん（ロボット掃除機・ルンバのこと）がお掃除しやすいように」とリビングルームをリフォームした女性が登場する。

そして6、7、雇用形態や年収がどうかによって、消費金額や規模感が大きく変わるのは言うまでもない。だがそれ以上に大きい要素は8、すなわち「居住地域」であろう。

都会か地方かの議論は、マクロ経済では「人口減少」の視点で語られることが多い。だがミクロの視点である「個人消費」だけに注目しても、住む地域が都心から地方（田舎）に移っただけで、仕事（働き方）や人づき合い、行動半径や飲食・ショッピングスポット、なによりライフスタイルそのものがガラッと変わるさまを、私も過去のマーケティングで何度も見てきた。

2年前、大阪から広島に転勤になったリョウコさん（52）も、通勤手段が電車からクルマ（マイカー）になったことで、洋服代と化粧品代が驚くほど減ったという。

「通勤電車に乗らないから、『どうせ会社はオジサンばっかだし』と、平気ですっぴんにデニム姿で出勤するようになっちゃった。でもクルマを運転すると夜飲みに行けないから、居酒屋じゃなくシネコン（シネマコンプレックス）でゆっくり映画を観たり、40キロ先の絵画教室に通ったり。結局は前より、お金を使ってるかもしれませんね」

また近年は、まだわずかだが、40、50代で田舎へと移住するおひとりウーマンも出現し始めた。第6章に詳しく記すが、2011年の東日本大震災以降、「ミニマリスト（必要最小限の物だけで暮らす人）」を標榜《ひょうぼう》する女性が増えた影響もあるだろう。


今回、私はおひとりウーマンを、あえて1～8のような一般属性ではカテゴライズしなかった。もちろん取材も執筆もそこを意識しながら進めたが、本書の構成上は、属性を表に立たせてはいない。

なぜなら、本章の冒頭に書いた山田昌弘さんの言葉どおり、昨今のシングル女性には「これ」といった大きな特徴がなく、1～8で乱暴に括《くく》れないほど多種多様だから。

6と7（雇用形態や年収）を例にあげると、今回の取材では、あるベンチャー企業を興して年収1500万円以上を稼ぐ超リッチなおひとりウーマンが、ダイソーやユニクロを愛用し、古着をメルカリ（フリーマーケットアプリ）やヤフオクで売り買いしていた。また、アラフィフで親と同居しつつジャニーズアイドルを追っかける「パラサイト・シングル」のおひとりウーマン（非正規雇用）は、週末ともなれば都内のラグジュアリーホテルでエステを受け、隠れ家とされる小料理屋で1杯2000円近い日本酒を飲んでいた。

つまり、たとえ超高収入の女性でも、百貨店や成城石井、表参道の路面店に通いつめているわけではない。逆に非正規でパラサイトの女性も、「ホットペッパービューティー」（リクルート）の割引サロンやサイゼリヤのようなファミレスを好むわけでもない。

いまやミドル年齢のおひとりウーマンも、若い女性同様、お財布ではなく自分の「ココロ（気分）」に問いかけて消費する。たとえば「なりたい自分になる」、あるいは自分を解放する、癒《いや》す、守る、褒《ほ》める、伸ばす、攻める、ときめく……。「必要に迫られて」ではない嗜好的《しこうてき》な買い物だからこそ、彼女たちが消費に込める前向きなシーンや気分、思いを理解することが大切だ。逆に1～8のような属性に囚《とら》われすぎると、往々にしてビジネスチャンスを見逃すのである。

従来の中高年女性とはまったく違う概念をもつ彼女たちを、ひと括りに語るのは難しい。

でも逆にいえば、だからこそスリリングでワクワクするし、掘り起こしがいもある。なによりマーケット自体が大きい。２０１５年、日本人女性の人口の２人に１人は「50歳以上」になり、いまや50歳以上と50歳未満がほぼ同じ数。おひとりウーマンは、まさに人口の中央、ド真ん中にいて、今後その上と下のお手本になる役目を担っているのである。

次章以降で、彼女たちが消費に込める「ココロ」を知り、ぜひそこに共感して欲しい。そうすれば、必ずや新たなマーケットチャンスに気づいてもらえるはずだ。

第2章

「ひとりはラク！」

おひとりメリットが「きちんと消費」を生む

「まさか、30代でガンになるなんて」

40年、50年といえば、平均寿命の2分の1かそれ以上。40、50代のおひとりウーマンは、すでに人生の半分を生きてきた。そこには健康や恋愛、家族、そして仕事などにまつわる数多くの喜びや葛藤、人間ドラマがあったろう。当然、20代のシングル女性とは角度が違った「おひとり様ニーズ」も、そこにある。

今回の対面取材（1対1）では34人の女性に話を聞いたが、弊社のスタッフや付き合いのある企業などからの紹介を通して、「できるだけ違ったタイプ」の独身女性を探した。正規・非正規、未婚・バツイチ（1人は死別）、恋人アリ・ナシ、親と同居・別居（ひとり暮らし）、一般職・管理職、都心・地方在住（勤務）など。

それぞれ置かれた状況は違ったが、ひとつだけ、ほぼ全員に共通していたことがある。それは20、30代のころ、いわゆる「だめんず（駄目な男）」と思しき男性たちに、かなり苦い目に遭わされていたこと。

取材の冒頭では、少なからず「あのとき結婚しておけばよかった」「いまだったら離婚しなかったかも」と後悔も飛び出したが、後半ではほとんどの女性が、「結婚しなかったからこそ」、あるいは「離婚したからこそ」いまの私がある、と目をキラキラ輝かせていた。さすが、いまも「私はやれる」「まだ成長できる」など、いい意味で「根拠なき自信」をもった、おひとり様第一世代である。

教育関係のウェブ制作会社に勤めるアンナさん（48）もそのひとり。色白な肌にすらっとした細身のスタイル、まるで40代向けの女性ファッション誌「STORY」（光文社）や「GLOW」（宝島社）から抜け出たような美人で、一見するとなんの悩みもないように見える。

だが、「39歳のとき、子宮頸《けい》ガンだって言われたんですよ」。

10年同棲していた彼（元ジュエリーデザイナー）に誘われて、東京・下北沢で雑貨店を始めたのは36歳のとき。だが当初から経営が苦しく、2年で店じまいに追い込まれた。するとの彼は毎晩のようにアンナさんに当たり散らし、お酒に逃げたという。

「彼を元気づけようと、『あなたがそんなんじゃ、私が病気になっちゃうよ』と冗談めかして言っていたんです。でもまさか、本当に私がガンになるなんて」……。

実は、ガンが発覚する2年以上前の人間ドックで、医師に「気になる腫瘍がある」と言われていた。けれど店がオープンしたばかりで忙しく、「悪い病気のはずはない」と信じて疑わなかった。最近は、乳ガンでまだ若くしてこの世を去った、元フリーアナウンサーの小林麻央さん（享年34）の死など、30代でもガンにかかるリスクがたびたび報じられるが、当時は社会もアンナさんも、「30代でガンだなんて」との思いが強かったのだ。

人間ドックから2年後、あまりに体が重いので詳しい検査にのぞむと、「子宮と卵巣にガンがある」と宣告された。すぐにも必要だと言われたのは、「広汎《こうはん》子宮全摘出術」。婦人科の悪性腫瘍に対する手術の中で、最も重大かつ難しいとも言われる大手術だ。

こんなとき一番支えて欲しいのは、誰あろう「彼」。アンナさんは、初めの何カ月かは愛媛に住む両親にもガンを言えずにいたから、なおさらだろう。

だが、彼はおろおろするばかり。7～8時間の大手術を終えて入院した病室にも、いつも自分の母親とともにやって来た。帰り際、その母親が決まって言うセリフはこうだ。「あなたも大変だろうけど、うちの息子をよろしくね」。そのたびに滅入ったという。

ガンはリンパ節まで転移していたが、抗ガン剤治療が功を奏し、40歳を前に少しずつ元気を取り戻した。彼と別れた後に何度か恋愛もしたが、生活が苦しいときに「お前の面倒をみてやる」と言ってくれた元彼（20代前半で交際した男性）も、アンナさんが「いま2人で住む部屋を探してるんだ」と陽気に告げると、衝撃のひと言を口にしたという。

「マジで？　本気にすると思わなかった。40歳過ぎたクセに、いまだに真面目だな」

アンナさんは悟った。「もう男には頼れない」「自分でどうにかするしかない」と。

ラクだからこそ「丁寧に」「きちんと」暮らしたい

その後、いくつかのバイト先や派遣先を渡り歩いたあと、教育関係のウェブ制作会社で契約社員として働き始めたのが、44歳のとき。

初めて楽しいと思える仕事に出会えた、と感じた彼女は、「体に気をつけて働きます。ウェブの技術も勉強します。だから、いつか正社員にしてください」と上司に頼み込んだ。47歳で晴れて正社員になれたときは、「天にも昇る気分だった」と笑顔を見せる。

大病による失業でお金の大切さも悟ったが、同時に知ったのは、「お金を使えるってことは、いまが幸せだってこと」。

社員になれた直後、彼女は「住むのが夢」だった吉祥寺に引っ越した。２ＤＫの決して広くない物件、しかも築20年以上の古いマンションだったが、家賃11万円は手取り月収が

30万円弱の自分にはやっと。時代の先端と古きよき文化が共存するイメージの街で、心機一転、生まれ変わりたかった。

まず訪れたのは、東京・立川《たちかわ》の「IKEA（イケア）」。彼女いわく「〝大人ナチュラルな〟ソファ」を探したが、あいにく琴線《きんせん》に触れなかった。次の週末に向かったのは、アクタスの新業態「SLOW HOUSE」（天王洲《てんのうず》）。ビビッときたソファは20万円以上と、予算を10万円近くオーバーしていたが、「いまから買うなら一生もの」と迷わず予約。その足で1時間以上かけて代官山へ向かい、北欧デンマークのインテリアブランド「BoConcept（ボーコンセプト）」で1万円以上するクッションを2つ買ったという。

「アラフォー年齢のときは、ガンや転職三昧《ざんまい》で散々だった。でもアラフィフになったいまからは、自分を労《いたわ》る『丁寧な暮らし』がしたい」

明日死ぬかもしれないと悩んだ分、お金も「いま使わなきゃいつ使うの？」との思いが強い。いまは自分で稼いだお金を、誰にも気兼ねせず、自分が興味あることに使える毎日がなによりも嬉しいそうだ。

一方、福岡市内の銀行に勤務するナツノさん（47）は、3年前の婦人科検診の際、子宮に「粘膜下筋腫」があることを知った。腫瘍は決して小さくなく、放置しておくと痛みが激しくなる恐れから、悩んだ末に手術を決断した。

青森に住む両親は、「女の子が、子宮の手術なんてとんでもない」と猛反対。このとき「44歳にもなった私に、まだ孫を期待している親にビックリした」とナツノさん。仕方なく、「子宮は取らないんだよ」「子宮から内視鏡を入れて、腫瘍を取り除くだけなんだよ」と、何度も電話で説得する羽目になったという。

説得は面倒な反面、「まだ子どもを産めるかもしれない」と気づくきっかけにもなった。調べたところ、40〜44歳の女性も、年間2万人以上の子を「初産」で出産している（厚生労働省「平成27〈2015〉年人口動態統計」）。「女を捨てたくない」「健康でいなきゃ」と感じ、その翌日からヨガ教室に通い始め、野菜ジュースを作る「スロー（低速）ジューサー」（HUROM〈株〉）を買い、グーグルで「子宮　健康　サプリ」と検索して、葉酸やピクノジェノールなど「子宮の健康にいい」と言われるサプリメントを〝爆買い〟した。

「ラストチャンスと思うと、お金に糸目はつけたくなかった」

あれから3年。すっかり健康になった彼女だが、残念ながら「子どもが欲しい」と思えるような男性にはまだ出会えない。近頃は更年期なのか生理がほとんどなく、妊娠確率も限りなくゼロに近い。それでも「子宮や体を大事にしたい」と、毎朝の野菜ジュースやサプリメントは続けている。思い切って「朝ラン（朝のランニング）」も始めた。
「ひとりはラク。見られていない分、いくらでもダラっとできる。でも40歳過ぎて、いい加減な生き方はしたくない。自分に誇れるような、きちんとした大人でいたいんです」

インテリアにも「見せる」「見られる」を意識

病など辛《つら》い経験を経て、毎日の生活を「当たり前」とは考えなくなった、アンナさんとナツノさん。だからこそよりいっそう、「丁寧に暮らしたい」「きちんとした大人でいたい」と感じるのだろう。

彼女たちのように、アラフォー前後で入院や手術を経験する女性は、決して少なくない。ある調査で「過去5年間に、入院・手術を伴う病気やケガをした女性」の割合を見ても、40代で10・2％、50代で12・3％と、いずれも1割を超える。

また「三大疾病《しっぺい》」、すなわちガン・急性心筋梗塞《こうそく》・脳卒中のどれかで入院や手術に至った40代女性だけを見ても、全体の2％と50人に1人（第一生命保険〈株〉「ライフデザイン白書2015年」）。今回の取材でも、おひとりウーマン34人中6人が、乳ガンや子宮頸ガン、子宮筋腫、卵巣のう腫など、過去に手術を伴う病にかかっていた。
最終章（第6章）で詳しくふれるが、こうした現実をより声高にアナウンスすれば、おひとりウーマンに向けた各種保険や健康維持・増進関連の商品、サービスは、いま以上に需要を増すに違いない。なにしろ彼女たちおひとり様にとって、自分の体は資本。「倒れたらどうしよう」と感じるのは、なにも孤独死が怖いからだけではないのだ。

また、いま彼女たちは40、50代。年齢的な面から、たとえ健康であっても「この先買うモノは一生もの」「多少無理してでも妥協したくない」と考えやすい。
40歳を機に新築マンションを買ったソノミさん（41）は、入居して半年以上経つのにまだカーテンを買わず、「模造紙」をカーテン代わりにかけている。驚いて「なぜ？」と聞くと、「お気に入りのカーテンがなかなか見つからないから」。
また、アオイさん（43）は、いまのシェルフ（飾り棚）に出会うまで、インテリアショップを20軒以上めぐったそう。「シェルフひとつで、部屋の風景がグンと変わる。とくに私『塩系《しおけい》インテリア』派なんで、シェルフが主役なんです」（アオイさん）
ちなみに彼女が言う「塩系インテリア」とは、2016年秋ごろから流行《はや》り始めた、すっきりした空間を重視するインテリアのスタイル。語源は近年、女性ファッション誌で話題の「塩顔男子」だ。かつてバブルの時代（1988年）に「しょうゆ顔」「ソース顔」という言葉が流行ったが、あのころの「しょうゆ顔（あっさりした日本風の顔立ち）」をさらに鋭角的かつ芸術的に進化させたイメージが、塩顔男子。俳優でよくその名があがるのは、瑛太《えいた》さんや星野源《ほしのげん》さんらだ。

なぜ「すっきり」がいいのか。おそらく理由は2つある。ひとつは、クラターコンサルタントのやましたひでこさんが提唱する「断捨離《だんしゃり》」ブーム（10年）や11年3月の東日本大震災、さらには15年に流行語になった「ミニマリスト（必要最小限〈ミニマム〉の物だけで暮らす人）」などの流れで、不要な物を極力減らし「すっきり」生きよう、との考えが浸透したから。もうひとつは、昨今「インスタ映え」で話題の「インスタグラム（写真に特化したSNS）」などを通じて、インテリア画像を第三者と共有する機会が増えたから。だからこそ、周りに評価されやすい「すっきり」が好まれるのだろう。

たとえば「塩系インテリア」の火付け役とも言われる、インテリア専門のSNS「Room Clip（ルームクリップ）」（Tunnel〈株〉）。一般の人たち（おもに女性）が投稿した画像を中心に、240万枚以上の部屋の写真が掲載されている（17年7月現在）。なぜわざわざ自室の写真を投稿するかといえば「見せたいから」。自分なりの工夫やセンスをアップすることで、誰かに「いいね！」と言われたい、そんな自己承認欲求が強い女性が増えているのだ。

さすがにおひとりウーマンは、若い世代ほどSNSに浸ってはいない。それでも自室を訪れた誰かに、あるいは自分自身に「見せるインテリア」を意識してコーディネイトする傾向は、ふだん弊社が行なうグループインタビューなどからも見てとれる。

第5章でもふれるが、とくにバブル世代は、若いころから「見られる」ことをつねに意識してきた。多少語弊《ごへい》はあるが、周り（とくに異性）から「あの子、綺麗《きれい》だな」「可愛いな」と評価されれば、そのあと奢ってもらえたりクルマでエスコートしてもらえたり、といった「特典」が期待できた。だからこそ、いまだにファッションや美容では、女らしさや清潔感を印象づける「きちんと感」にこだわる。

ふだん誰にも見られるはずがない自室のインテリアでも、みずからの美意識のうえで「見られている感じ」が大事なのだろう。

求める家電は「なじむ」「溶けこむ」「飽きがこない」

一方で、すっきりを好むとなれば、あれもこれもと数は買わない。そのうえ、大物（高額）の商品には「一生もの」を意識するから、何度も買い換えるわけでもない。ここが、おひとりウーマンにモノを売るうえで、少し難しいところだ。

「家電製品に対しても、彼女たちはとても堅実な目で選んでいます」と話すのは、パナソニックグループでモノ作り関連の商品企画・生活研究を行なう、パナソニック（株）ＡＰ社（アプライアンス社）・デザインセンターの松田むみさん。

松田さんたちが、ふだんの研究や調査から見た、おひとりウーマンの印象は「非常にきちんと生活している」。とくに大物家電を買ううえで、デザイン性はもちろんはずせないが、かといって単純な可愛さやきらびやかさには惹かれない。きちんと生活するにあたり「暮らしになじむ」「溶けこむ」「飽きがこない」ことを重視するようだ、とのこと。

半面、「この世代は、モノを買うことに罪悪感があるわけではない」と松田さん。この点もまさに同感だ。

対するいまの若者はといえば、私が「草食系男子（現30代半ば前後）」の研究に入ったとき、そしてその後20代男女の研究に集中していた際は、大好きなケータイやクッションひとつ買っても「こんなに高いのを買っちゃって落ち込んだ」や「買ったあとこれだけ使えば、お金使っちゃってもいいのかなって」など、消費に「罪悪感」を抱く声が圧倒的に多かった。これが、㈱ジェイ・エム・アール生活総合研究所の松田久一《まつだひさかず》さんが唱えた「『嫌消費《けんしょうひ》』世代」の傾向だ。

すなわち、物心ついたときから不況を体験し、なかなか自己肯定感を持てない、給与も上がらない、将来の社会保障もどうなるか分からない時代を生きる若者たちは、消費が怖い。国も会社も守ってくれない、お金がなければ自分の身を守れないと考えるからだ。

でもおひとりウーマンは、青春時代、そこまで過酷な現実にはさらされてこなかった。いや、実際にはまさに「いま」厳しい状況に置かれている40、50代のおひとり様がいて、本書の後半部分でもご紹介するが、少なくとも多感な時期には「この先どうなるか分からない」「消費が怖い」とは考えにくかった。だからこそ、好きな分野のモノにはとことんこだわり、お金も使う。

バブル世代のひとつ下、団塊ジュニア（現40代前半〜半ば）もそうだ。私は既出の「シティリビング」とのＯＬ研究で、何度も彼女たちの自宅を訪問調査した。すると、パッと見の第一印象では地味ですっきりした部屋なのに、押入れやクローゼットを覗くと、使わなくなったモノがゴロゴロ出てきた。たとえば、海外旅行で買った高級ブランドのバッグや靴、あるいはデロンギのコーヒーメーカーやティファールのミニタイプのミキサー、シャープ（株）のカップホルダー型イオン発生機、その他、圧力鍋や美顔器、健康器具など。

いまなら、「メルカリ」（〈株〉メルカリ）のように便利なフリーマーケットアプリがあるから、要らないモノは売りに出す女性も多い。だが当時（12年秋）は、古い商品を見えないところにしまい込むおひとり様が多かった。とくに自分がこだわる分野の「プチ家電（小物や数万円台の家電）」は、新商品が出るたびに買い替える傾向が目立ったのだ。

私はこれらの調査結果を、シティリビング主催の発表会で大々的にプレゼンさせていただいた。すると当日取材してくれた日本経済新聞の編集委員・石鍋仁美さんは、日本経済新聞電子版上で、彼女たち団塊ジュニアの消費行動を称して「隠れバブラー」と呼んだのだ（13年1月8日）。まさに言いえて妙である。

真意はこうだ。彼女たち団塊ジュニアは三浦展さんが「シンプル族」と呼ぶとおり、青春時代から「無印良品」などシンプルで飽きがこない質感を重視してきた。一般には「ブランドものが好きではない」「消費も控えめ」だと見られている。ブランドに頼らずとも、自分の目で安くて質がいいものを見極める、審美眼やコーディネイト能力があるから。でもだからといって、消費そのものが嫌いなわけではない。物心ついてから中学・高校時代ぐらいまでは、まだ景気が上がっていく最中。両親も多くは意気揚々《いきようよう》、節約するより数々の新商品を買い求めていた時代だった。

ゆえにいまも、バブル世代のように「堂々と」ではないながらも、「隠れたところで」それなりに高額な商品に手を伸ばす。先のアンナさんのように、手取り月収が30万円弱でも20万円以上のソファを買うし、カーテンが決まらないソノミさんや、シェルフを求めて20軒以上インテリアショップをさまよったアオイさんのように、買うと決めたらとことんこだわって妥協しない。「この年齢で、中途半端なモノはイヤ」とも考えるのだ。

40代にも「インスタ売れ」の時代？

近年は「1人用こたつ」など、おひとり様用や少人数用と銘打った家電も多数登場している。ただ、弊社がひとり暮らし女性のお宅訪問調査などで目にしてきた1人用家電は、意外に少ない。せいぜい、できたてのジュースがそのまま味わえる「ソロブレンダー」（レコルト／ウィナーズ〈株〉や、少人数用の小型炊飯器「ライスクッカーミニ」（コイズミ／小泉成器〈株〉）、ごはんとおかずが同時に作れる「おとなのtacook（タクック）」（タイガー魔法瓶〈株〉）ぐらい。

タイガーの広報担当者は、「インスタにアップされた（タクックの）画像を見ると、40、50代女性もいるだろうと想像はできる」と話す一方で、同商品の購入者の8割弱は既婚者で、年齢層では60、70代が多いという。

ということは、ボリュームゾーンはあくまでもシニアのひとり暮らし（死別）か夫婦世帯だろうと想像がつく。

そう、あえて「1人（少人数）用だから」と家電を選ぶおひとりウーマンは、まだ予想以上に少ないのだ。過去に取材した40、50代のタクック保有者（おひとりウーマン）も、「同居する母と『可愛いね』と2人で使っている」（40代）、「シンプルで邪魔にならないデザインに惹かれて買った」（50代）と話していた。まさに、先の松田さんがあげたキーワード「なじむ」「溶けこむ」「飽きがこない」デザインやテイストだからこそ選んだのであって、必ずしも「1人（少人数）用」が響いたわけではない。

1人用に惹かれない理由のひとつは、「まだ結婚しないと決めているわけではない」から。

第5章でもふれるが、いまや「いつかは結婚したい」と明確に答える未婚女性が、40代でも4人に1人いる（ダイヤ高齢社会研究財団「40代・50代未婚者の生活と意識に関する調査」16年）。それ以外に「もしかすると将来」と期待をもつ女性もいて、彼女たちに話を聞くと「いまから1人用」とは決めたくないという。40代を過ぎると「1人用＝一生結婚しない」とのイメージをもつからだ。

では、そんな彼女たちの「こだわりのツボ」はどこにあるのか。

パナソニックAP社・デザインセンターの采《うね》尾《お》治彦《はるひこ》さんは、「端的に言えば、自分の価値観ありきだが、最近では共通して『モノよりコト消費』の傾向も強い」と話す。

采尾さんが例にあげたのは、家電ベンチャーのバルミューダが2015年に発売したオーブントースター「バルミューダ　ザ・トースター」。水蒸気がパンの表面を覆うことで、買い置きした食パンでも「外はカリッと、中はモチモチ」に仕上がるのが特徴。デザインもクラシックモダンでオシャレとあって、3万円程度と高額ながら発売約1年間で10万台以上を売り上げたヒット商品だ。おひとりウーマンにも大人気である。

なぜ、ここまで高額な家電が売れたのか。采尾さんは、「トースターそのものより、そこで焼ける『おいしい食パン』や『素敵な生活』に価値を感じるからでしょう」とのこと。

また、パナソニックAP社・グローバルマーケティングプランニングセンターで、生活研究や先行商品企画を担当する大倉さおりさんは、その背景に、インスタグラムなどSNSの影響もあるのではないかと見る。すなわち、SNSの進化で、料理が「食べる」「美味しい」だけの世界から、「こんなに素敵な料理を作った」「見て見て」という、「作る」モチベーションや出来あがりを「見せる」達成感の世界へとシフトした、というのだ。

「かつて『時短で便利』を前面に打ち出していた電子レンジも、いまや『多彩なメニューを自在に作れる道具』にシフトした。これもひとつには、SNSの影響があるはずです」

モノよりコトを売れ、家電より「その家電が叶える素敵な生活」をうたえ……これは家電に限らず、私たちマーケッターが企業と商品開発を行なううえで、10年ほど前から定説とされてきたことではある。

たとえば主婦の間でも、数年前に調理器具（鋳物ホーロー鍋）の「ル・クルーゼ」が一世を風靡した。ずっしりと重く、必ずしも使い勝手がいいとは言えないが、売れ筋は圧倒的にイエロー系。ある食品メーカーの担当者は「あれは、鍋じゃなくて『幸せの符号』なんだ。ル・クルーゼのイエローの鍋がある家は幸せな家庭、とのイメージを抱くからこそ買う」と言っていた。まさにそのとおりだろう。

そのうえ、最近は采尾さんや大倉さんが言うとおり、SNSの普及によって「スタイリッシュな家電で料理を作る私」や「オシャレなお皿に盛り付けた私の自信作」を画像や動画で投稿したい、とのモチベーションも高まった。ゆえに家電や食器は、見栄《みば》えや「私らしいテイスト」がよりいっそう重視される。とくに、既婚者やファミリーより「自分」「モノ」と向き合う時間が長いおひとり様にとっては、なおさらのはずだ。

以前、「SNSに投稿する綺麗な写真を撮りたい」と希望する女性たちが集まる、サロン形式のフォト教室を取材したこともあるが、参加者の中には毎月、新幹線で東京まで何時間もかけて通ってくる女性さえいた。あまりの熱気や熱意に驚いたものだ。

SNSに興味がない人からすると、「なぜそこまで?」。でも日々の生活にちょっとした潤《うるお》いが欲しい、写真1枚でも誰かに「いいね」と言われたい、そんな女性たちにとって、撮影・投稿する画像は、自分らしさや自己表現そのもの。撮るだけでなく「見る側」にまわっても同じだ。今回の取材でも「インスタで、自分と似たテイスト（趣向や価値観）の人の写真を探す」といった声も多数あがった。バーチャルで価値観が合う人を探すうえでも、最近は「画像」が大きな吸引力をもつのだ。

先の「ルームクリップ」も、ユーザーが投稿したSNS上の家具や雑貨の写真を入り口に、その商品の販売サイト（企業の通販サイト）に誘導するという新たな事業モデルを展開し始めた。モデルルームのような場に置かれた雑貨の画像より、一般消費者の投稿画像のほうがリアリティもあり、場合によると商品の世界観もつかみやすい。

いまや40代でもインスタ人口は約３００万人、30代と50万人ほどしか違わない。そう考えると、今後はおひとりウーマンにモノを売るうえでも、インスタ映えならぬ「インスタ売れ」が期待できるはずだ（総務省「平成27〈２０１５〉年情報通信メディアの利用時間と情報行動に関する調査」）。

働く女性には「時短」より「時コン」

では「食」の世界はどうか。「私たちが打ち出すのは、『時短』ではなく『時間コントロール』です」と話すのは、日本で冷凍食品専門店「ピカール」を展開するイオンサヴール（株）の代表取締役社長・小野倫子さんだ。

ピカールの母体は、フランスのPicard Surgelés SAS社による冷凍食品専門のスーパーマーケット。フランス以外にもイタリアやベルギーなど欧州7カ国で、１０００店舗超を運営する。日本でも2014年、大手流通のイオンと提携して首都圏のスーパーにコーナーを設けたほか、16年11月には初の単独店舗となる「Picard 青山骨董通り店」を出店。一般の食品メーカーの冷食より多少値は張るが、食材を厳選し保存料を一切使わないなど、美味しさだけなく「安心」「安全」が最大の売りだ。

そんなピカールを展開するイオンサヴールがなぜ、「時短」より「時間コントロール」をうたうのか。小野社長は次のように話す。

「一般の冷凍食品には、少なからず『手抜き』をイメージさせるなど、罪悪感が伴う。そんな中、ピカールは『時短』による手抜きや簡便化ではなく、ライフスタイルに合わせて、みずから『時間コントロール』できるバリューを伝えたいと考えたのです」

言うなれば、「時短」より「時コン（時間コントロール）」。確かに「時コン」のほうが、手抜きのような罪悪感を抱きにくい。みずからポジティブに時間をコントロールしている感があり、先進的なイメージも伝わる。

青山のピカールの店でも、一番人気は「クロワッサン」（10個入 843円〈税込〉）。家庭の冷凍庫に常備しておけば、朝オーブンで焼くだけで、香ばしい香りや食べた時のパリパリ感、リッチなバター風味を味わえる。もっとも、時間が経っても香ばしいクロワッサンが食べられるのは魅力だが、明らかに時短とは言えない。「いつでも（買いに行かなくても）出来たての風味が味わえる」という贅沢こそあれ、電子レンジのオーブン機能を使えば、十～二十数分などそれなりに時間はかかる。決して「簡便」が売りではないのだ。

他にも、オーブンで40分程度焼く「ジャガイモのクリームグラタン」などもあるそうで、「たとえトータルの時間はかかっても、その間にシャワーを浴びたり他の料理を作ったり、オーブンに放置したままいろんなことができる。その便利さに気づいて、自然と時間をコントロールできるようになる女性も多い」と小野社長。

さらなる普及に向けたハードルは、従来の「冷凍食品」がもつ手抜きイメージの払拭《ふっしょく》と、働くシングル女性の行動パターンに見合った販路の開拓だろう。

一般におひとりウーマンは、9割以上がなんらかの仕事をしていると見られ、料理にかける時間はどうしても限られる。当然、惣菜や冷食の需要は高い。30～40代女性2000人を対象にしたある調査を見ても、働くママや専業主婦、DINKS（子のいない夫婦）、おひとり様などのうち、「出来合いの惣菜」を最もよく利用するのは、圧倒的におひとり様。週1回以上利用が55・0％、週2回以上も32・5％と約3人に1人もいる。

ところが同じ調査で「冷凍食品」の利用割合を見ると、「週2回以上」が圧倒的に多いのは保育園児以上の子をもつママと専業主婦で、それぞれ2割前後。おそらく子どものお弁当づくりに冷食（ミニコロッケやミニハンバーグなど）を利用するからだ。対するおひとり様で週2回以上の利用は13・6%しかいない（〈株〉バルク「30代40代女性のライフスタイルに関する自主調査」14年）。

需要があってもまだママや主婦ほど冷食に親しんでいない理由は、ひとえに「冷食＝時コンのための便利なツール」という発想がないから、そして彼女たちのふだんの行動範囲に、冷食を大規模に展開する大型スーパーが入って来にくいからだろう。

ここで「でもお惣菜だと、冷食みたいにチンする手間も要らないでしょ。おひとり様はできるだけラクしたいから、冷食より総菜のほうがいいんじゃない?」と考える人もいるかもしれない。確かにその観点もゼロではないが、手間をかけるのが必ずしも「面倒」でないことは、私たちの会社がある大手食品メーカーと10年以上にわたって行なってきた「食調査」や、今回のおひとりウーマンへのインタビューからも明らかである。

彼氏より大事な「相棒」との出会い

たとえば、都内のIT企業で派遣社員として働く、チアキさん（50）。昔は料理に興味がなかった。だが数年前にインフルエンザにかかり、1週間外出できなくなった。そこで「ふだんから備える」意味で、当時ブームだった「常備菜（ふだんから用意しておく副菜）」を作ってみることに。すると突然、手作り料理の楽しさに開眼。いまは母親から分けてもらったぬか床を使って「マイぬか漬け」にハマっている。

「仕事で辛いことがあっても、ぬかを混ぜているだけでホッと落ち着く。毎日のように『彼（ぬか）』を世話することで、自分の体だけじゃなく心まで労っている気がするんです」

一方、「『燻製《くんせい》生活』を知って、人生が変わった」と話すのは、静岡の自動車メーカーに勤めるクミさん（53）。3年前にネット通販で買った燻製メーカー（「イージースモーカー」〈サーモス（株）〉）は、いまや毎日になくてはならない存在だ。

初めは「酒のつまみに」とチーズやナッツ、ソーセージを燻製にするぐらいだった。というのもクミさんもまた、料理が好きではなかったから。ところがいまや、イワシの切り身やししゃも、かまぼこ、鶏のササミなど、ありとあらゆるものを燻製にして愉しむ。

「苦手だったお魚も、燻製にすると香りや味わいが引き立ってスッと食べられる。料理もスポーツも苦手な私を、やさしく健康にしてくれる『相棒』って感じです」

そう、チアキさんもクミさんも料理が得意なわけではないが、それでもやっぱり「食で健康に」と考える。2人が共通して呟いたのは、「ひとりだからこそ、手を抜きたくない」。だからこそ、ぬか漬けや燻製など、自分なりの「こだわり」がプラスされるのだろう。

既述のとおり、体が資本のおひとり様にとって、40、50代という「体の曲がり角」をどう乗り切るかは非常に重要だ。

一般に若い女性は、多少無謀にジャンクフードを食べても「あとで帳尻を合わせればいいや」と考えるから、カリカリ梅や酢こんぶなどを頻繁に口にして、暴飲暴食を「なかったこと」にしようとする。でも、ミドル世代はそうは考えにくい。あくまでも基本は「毎日の食」、そこで足りない分を、せいぜいサプリメント等で補うぐらいの意識だ。

他方、ぬか漬けや燻製の愉しみを知ったチアキさんやクミさんのように、食についても「学び欲求」が強いおひとりウーマンの食では、「冒険」もひとつのキーワードになる。

近年、家族がいても時間のズレから「個食化」が進んだり、いわゆるニューファミリーの減少とひとり世帯の増加が起こったりしていることなどから、「1人用」と銘打った食品は幅広い分野で登場している。

たとえば、鍋。以前は「家族全員で囲むもの」との解釈が強かったが、いまや鍋も個食化が顕著だ。２０１２年、味の素（株）が「１個が１人前」と銘打ったキューブ状の鍋つゆ「鍋キューブ」を発売、翌13年には、エバラ食品工業（株）が１人分ずつポーション容器に入った鍋の素、「プチッと鍋」を市場に投下した。後者エバラは、この「プチッと鍋」をはじめとするポーション調味料で個食対応の新たなカテゴリーを創出、16年度はポーション調味料全体で売上高30億円を突破したという（「日本経済新聞」17年7月12日）。

一方で、ひとり向けの「調味料」開拓については、まだ各社とも弱い感が否めない。

シングル、とくにひとり暮らしでは、夫や子をもつ女性に比べ、自分の好きなメニューを好きなように食べられる特権がある。もし初めてのメニューに失敗しても、誰にも嫌な顔はされないから、かなりニッチな分野の調理にまで手を伸ばす。今回の取材でも、ニッチな調理器具を買い求めたり、珍しいメニューのレシピ検索に没頭したりする女性も目立った。ハードルがあるとすれば、調味料の買い置きバリエーションが２人、３人以上世帯に比べて少ないことぐらい。ゆえに、少量の調味料をいくつか集めてセットにしたり自由に選んだりできる商品などが出回れば、そこに必ずビジネスチャンスもある。

また、昨今は彼女たちの「こだわり志向」が、健康管理とリンクすることも多い。

飲料の分野では、すでに「カロリーオフ」はもちろん、プリン体ゼロや糖質オフのビール、さらにはトクホや機能性表示食品のお茶など、「健康にいい」とされる商品が当たり前のように流通している。そのうえ、ここ数年は「スイーツ」の分野でも、カロリーオフだけでなく美容や健康への効果が期待できる「機能性〇〇」が登場するようになった。

働く甘党のおひとりウーマンにとって、スイーツは疲れを忘れて幸せを感じられる、自分への「プチご褒美」。「よし、頑張ろう！」と仕事への英気を養ううえでも、欠かせない相棒だ。その相棒が「体にもいい」となれば、彼氏よりも手放せない存在となる。

ご褒美スイーツにも「菌活」や「ロカボ」

たとえば、2015年秋に発売された、(株)ロッテの「スイーツデイズ　乳酸菌ショコラ」。生きた乳酸菌をチョコレートで包んだスイーツで、乳酸菌食品でありながら常温で持ち歩ける画期的な商品だ。発売から約半年で20億円もの売上を達成、自分へのご褒美にとスイーツを買うおひとりウーマンの間でも、「『菌活（体にいい菌を積極的に取り入れること)』で健康になれそう」「乳酸菌がお腹(整腸作用)によさそう」と支持されていた。

また、発売1年で1200万個もの売上を達成したのが、16年春発売の江崎グリコ(株)「LIBERA(リベラ)」。チョコカテゴリー初の機能性表示食品で、脂肪と糖の吸収を抑える食物繊維を含むのが最大の売りだ。こちらも今回の取材で「チョコなのに太らない感じ」「食物繊維が体によさそう」などの声があがった。

食品メーカーだけではない。近年は小売流通も、40、50代女性らのヘルス&ウエルネス志向に注目し始めた。その一例が、イオンのPB(プライベートブランド)「トップバリュ」のスイーツ。シリーズ名は「やさしさ想いスイーツ」である。

シリーズ第1弾の商品は、16年5月に発売された、糖質10g以下のシュークリームとエクレア。以来、ゼリーやロールケーキの分野でも「糖質オフ」を次々と実現し、一時店頭で売り切れが続出するほど話題を呼んだ。おひとりウーマンにも人気が高い。

「ターゲットは、糖質を気にしている方々。年代はとくに区切っていませんが、おそらく40、50代の女性がコアな顧客であろうことは想像できます」と、イオントップバリュ(株)・マーケティング本部の佐々木いづみさん。彼女たちに注目されたキーワードのひとつが「ロカボ」、すなわち糖質(糖・炭水化物)を制限する食のブームだと見る。

ロカボの語源は、ゆるやかな糖質制限「Low Carbohydrate」。1日に摂取する糖質量を130gに制限しつつ、それ以外の食事制限はしないという考え方だ。もともとは欧米で広がったが、日本でも生活習慣病の予防や健康維持、ダイエットの観点から注目を浴び、いまや国内のロカボ市場は、年間3400億円超とも言われる（17年5月現在）。

反面、そもそも甘さを売りにしたスイーツでは、糖質を10g以下に抑えながら「ほどよい甘さ」を感じさせるのは難しい。そこでイオントップバリュでは、甘さを打ち出す砂糖の一部を天然の糖アルコール（果実などに含まれる「エリスリトール」）に変更したり、ゼリーにカロリーがほぼゼロに近い希少糖《きしょうとう》を使ったり、クリームに低温殺菌牛乳を使用したりすることで「ロカボ」を実現させた。キャッチフレーズは、「ロカボ中のご褒美デザートにぴったり」。

「この打ち出しが、従来スーパーのスイーツが食い込めなかった層、すなわちオシャレで食にこだわる層や、健康・美容意識が高い女性、ひとり暮らしで自分のものをきちんと選んで買うおひとり様などに認知されるきっかけになったのでは」と佐々木さんはみる。

おひとり様だからこそ「誰かの役に立ちたい」

そしてもうひとつ、スイーツをはじめ「食」の分野の潮流が、みずからの地元や出身地、あるいは漠然とどこか（何か）を応援したいとする、おひとりウーマンの思いだ。

昨今、マーケティングの分野では「コーズマーケティング」の重要性が指摘される。これは、企業や特定の団体が「この商品を買うと、なんらかの社会貢献につながりますよ」と消費者にアピールすることで、慈善活動や社会貢献が（巡りめぐって）最終的に企業の収益やイメージアップに役立つ、とする考え方。他社との差別化が難しい商品群や、いま買わなくてもいい嗜好品などの分野で、とくに有効とされる。

有名なのは、ミネラルウォーターの「ボルヴィック」（キリンビバレッジ〈株〉）が2016年まで、ユニセフと約10年間続けてきた「1ℓ for 10ℓ（ワンリッター フォー テンリッター）」。ミネラルウォーターの出荷1リットルごとに、安全な水10リットルを西アフリカ・マリに供給するプログラムだった。また、森永製菓（株）が08年以降、定期的に実施する「1チョコ for 1スマイル」キャンペーンも原則、同社のチョコレート（対象商品）1個を買うと1円がガーナなど「カカオの国」の子どもたちの支援に使われる。

一般に独身女性は、多くに子どもがいない分、「貧しい子どもたちの役に立ちたい」との思いが強い。そのせいかふだん取材しても、社会貢献への活動に深い関心を寄せている。ただし、社会貢献を意識する範囲は、なにも「子ども」や「貧しい地域」に限らない。驚かされたのは、11年3月に起きた東日本大震災のあと、「Tokyo Cotton Village」というグループの存在を知ったとき。

12年から15年まで試験的に、東京・用賀《ようが》（世田谷区）に、当時話題だった「糸つむぎカフェ&バー」を展開していた団体だ。私が「糸つむぎって、失礼ながら、なにを目的に？」と興味半分で覗きに行くと、代表の冨澤拓也さんはこう言って笑った。

「和綿やコットンの種まき（栽培）から糸つむぎ、機織《はたお》りまでを行ない、モノ作りの文化や地域（綿の生産地など）とのつながりを創出します。参加者の8割は女性。皆さん、とくにエコや社会貢献に傾倒しているわけではないですが、おそらく『いまの社会は？』や『自分ってどんな存在？』などに思いを馳《は》せながら、黙々と糸をつむぐんです」

確かにその場にいた約20人の女性は、ときに何かを考えながら、糸つむぎに集中していた。冨澤さんによると、やはり「おひとり様」での参加が多いとのこと。冨澤さんが綿の歴史や日本産の綿作りなどについて話し始めると、とくにミドル年齢と思しき女性たちが目を輝かせて前のめりに。その熱量たるや、言葉では言い表せないほどだった。

16年以降も糸つむぎなどのワークショップを、毎月定期的に継続して活動中。17年7月現在、のべ参加者は2500人を超える。改めて冨澤さんに「なぜ彼女たちは、糸つむぎを?」と聞くと、こう教えてくれた。

「世の中には、利便性を打ち出す商品やサービスがあふれている。でもミドル世代をはじめとした女性たちは、それに飽きているのでしょう」。とくに40、50代は青春時代、いわゆる「拝金主義（お金を最上のものとしてあがめる考え方）」の時代を生きた。だからこそ糸つむぎで静かに考える時間を持ち、少しでも環境や社会に意識を向けることができればと願うのだろう。

最近は、希少価値が高い食品の「お取り寄せ」でも、似た傾向が見られるようだ。

03年以来、人気のネット通販「おとりよせネット」を展開するアイランド（株）。同プロデューサーの笹田幸利さんは、「11年の震災以降、女性の意識に変化が見える」と話す。

「大きな部分では、家族、そして自分自身など、身近な存在をより大切にしようという機運の高まり。家族への感謝や自分へのご褒美にスイーツを買う女性も増えました。また、近年は『地方』への興味関心や、出身地、被災地などを応援したいとの思いが目立つ。ふるさと納税などの流れと同じく、復興支援に被災地のスイーツを買う動きも見えます」

震災後の14年1月に実施されたある調査でも、7割の男女が「復興支援をPRする食品を利用したい」と回答。実際の購入機会では、やはり男性より女性のほうが多く、最も多いのがシニア層、続いて今回の主役であるミドル層だった（日本政策金融公庫　14年）。

「なんちゃって母性」から「なんたって母性」へ

2004年に、拙著『男が知らない「おひとりさまマーケット」』を書いた際、私は取材したおひとり様（当時20代半ば～30代後半）の母性について、「バーチャル母性」や「なんちゃって母性」、すなわち「自分が産んだ子どもがいない分、ペットや観葉植物など別の方向に、バーチャルやなんちゃって感覚の母性が向かう」と表現した。

ところが今回取材したおひとりウーマンの母性は、「なんちゃって」どころではない。もっと深く広い視点から、極端に言えば地球規模で「自分が社会のため、世界のためになにか役に立てることはないか」と探し続けているよう。復興支援の食品買いだけではない。ペットを飼うにあたっても、若いころのそれとは違う、はるかに深い母性が見て取れた。

あえて若いころの「なんちゃって母性」と対比するなら、「なんたって母性」、母性第一主義とも言うべき懐の深さである。

たとえば、名古屋の人材開発系の会社でプランナーを務めるショウコさん（42）。

1年前から猫のキナコを飼い始めた。「彼女（キナコ）が家で待ってると思うだけで、早く帰らなきゃとウキウキする。毎日が超充実してるんです」と満面の笑みを浮かべる。キナコとの出会いは、猫専用の「里親サイト」。飼い主に捨てられた、いわゆる「保護猫」の里親を募集するサイトだ。なぜ、このサイトの猫にこだわったのか。

その裏には、おひとりウーマンならではの思いがあった。

実はショウコさん、いまの会社を「あと少しで辞めよう」と考えてきた。せっかく「誰かの役に立ちたい」と選んだ人材開発の仕事だったのに、結局はノルマばかり課されてやりがいを感じない。また、やんわりと結婚を迫る栃木の母親が「いい相手がいます」とメールしてくる見合い候補は、経歴がいいだけの「スペック男」ばかり。

顔写真を見れば「ああ……」と落ち込み、一度会ってみた男性から電話やメール連絡が入ると、「やっぱ気持ち悪い！」「ムリ！」と拒否してしまうという。

「でも結局は、私の側に問題がある。人づきあいが下手な、ダメ人間なんです」

見た目は社交的に見える彼女だが、趣味は映画のレイトショーを観に行くことと、書店をぶらぶら探索すること。人と関わるのが苦手で、親友もひとりしかいない。

そんなショウコさんの前に昨年、会社の元同期が、産んだばかりの「双子ちゃん」を連れてきた。ずっと子ども嫌いだったのに、「なんてかわいいんだろう」と感激する半面、昔わがままだったその女性が、わが子に尽くす様子を見て、ショックを受けた。

「私、なにやってるんだろう」「40歳過ぎて、誰の役にも立ってない」……。

その話を親友にしたところ、「猫飼いたかったんでしょ」と薦められたのが、先の里親サイトだ。自分はたぶん子どもを産まない、そもそも男性と長く付き合う自信もない。せめて困っている猫を精一杯かわいがることで、「社会に恩返しがしたかった」という。

おひとりウーマンが「猫」に向かう理由

一方、東京の設計事務所で働くサキさん（49）は、いま猫を飼おうかどうしようかと迷っている。理由は「飼ったことがないけど、そろそろ50歳になるから」。

ドラマのような話だが、28歳のとき婚約していた彼は、交通事故で急死してしまった。

以来、恋をする気にもなれず、「仕事にだけ没頭しよう」と、土日の建築イベントにも積極的に参加した。ボランティアにも興味はあったが、遠方まで行く時間がとれず、ユニセフや日本赤十字社を通じて年に2回、ボーナスの一部を寄付する程度だったという。

だが、ずっと飼いたかった猫と出会うなら、「いまがラストチャンス」。

昨今、猫の寿命はフード等の改善で16歳近くまで延びていて、もし自分が70歳前に要介護の状態になれば、そのあと猫をどうするかが課題になるからだ。

「飼うなら、絶対に保護猫。ただ、いざ引き取って『やっぱり私には飼えませんでした』では無責任すぎて洒落にならない。だからこそ『お試し期間』が必要だと思ったんです」

そこで彼女が興味を持ったのが、NPO法人「東京キャットガーディアン」。猫の保護や譲渡活動をする団体で、活動の一環として東京都内など4カ所で猫付きのシェアハウス&マンションを展開する。そこに住めば行き場をなくした猫と触れ合うことができ、退去時に審査を経ればその猫の譲渡を受けることも可能だ。

同代表の山本葉子さんによると、「（サキさんと同じく）猫と暮らす体験のような意味合いで入居する女性たちも大勢います」とのこと。女性限定の単身者向け物件が中心なので、入居者の多くは未婚か離婚経験がある女性、つまりおひとり様だ。年代的には20代後半～

50代、とくにミドル前後の単身女性に響いているそうで、「責任を全うできるギリギリの年齢だと思われるのか、とくに40代で〝人生最後の伴侶〟として猫を検討する女性が多い」とも言う。このあたりも、サキさんと似た感覚だろう。

山本さんの目から見ても、働くおひとり様が飼うなら「犬より猫のほうがお互いが楽」とのこと。散歩の必要がなく、避妊去勢手術が済んでいればマーキングもしないから「お留守番のストレス」もほとんどない。また基本的にはマイペース。ひとりを愉しむ女性との距離感も合うという。

弊社にもペットを飼っているスタッフが何人もいるが、「猫派」か「犬派」かは、彼女たちの性格を知ればだいたい分かる。弊社でも「猫派」は、圧倒的におひとり様だ。

ただ、猫を飼うおひとりウーマンが多い一方で、社会的な課題も見える。

そのひとつが、猫の殺処分問題。殺処分される猫は現在、年間約6・7万頭とされ、10年前の半数以下に減ったものの、依然として多い（環境省「犬・猫の引取り及び負傷動物の収容状況」15年）。その背後に「捨て猫」の存在があることも否定できないが、もうひとつ、今後おひとりウーマンの猫オーナーが高齢化することで、顕在化するはずなのが「飼い主が弱る、亡くなるなどで飼えなくなったときにどうするか」。まさにサキさんが心配していた課題であろう。

２０１５年、山本さんたちは猫の引き取りや再譲渡に対応する事業「ねこのゆめ」を始めた。毎月３８００円を積み立て、満期（6年間27万３６００円／1頭あたり）を迎えると、もし飼い主が飼えない状況や亡くなるなどの事態が発生しても、団体が責任を持って次の飼い主を探すか、あるいは団体が末期医療も含めた終生飼育をするというもの。

こちらも40代以上のおひとりウーマンを中心に、申し込みが集中。先日、「愛猫を２匹託したい」と山本さんの元を訪れたアラフィフの独身女性は、「少しでも長くこの子たちと一緒にいたい。でも実は私、病気で余命宣告されちゃって」と話したという。


今回取材した中には、いま東京・表参道の「ことりカフェ」にハマっているというNPO団体勤務のリンコさん（46）もいた。彼女は5年前、以前勤めていた会社でうつ病を発病しかけ、飼っていたセキセイインコ（ライム）を「殺しそうになった」という。

状況はこうだ。その日も上司に叱責され、疲れきって家に帰ると、ライムが鳥かごの中でぐったり横たわって動かない。驚いて「ライム！　ライム！」と手のひらで揺すったが、息をする気配もない。慌てて動物病院に連れて行くと、「危なかったですよ。栄養失調で餓死する寸前でした」と言われ、「ハッと目が覚めた」とリンコさん。

たぶんライムは2~3日前から「餌をちょうだい」と鳴いて訴えていたはず。でも彼女には、その声さえ耳に入っていなかった。何日前から餌をやっていなかったのか、まったく覚えていなかったという。それほどまでに疲れ果てていたのだ。

ライムは昨年、天命を全うして老衰で亡くなったが、「二度と無責任なことはできないから、もうペットは飼わない」。そんなときに知ったのが、先の「ことりカフェ」だ。

2014年2月に開業、東京・大阪に全4店舗ある話題のカフェで、私も以前取材した。平日には1日50~80人が、土日や祝日ともなると150~200人が訪れる盛況ぶり。とくに手のり文鳥やオカメインコと触れ合える「もふもふの部屋」は、リンコさんのように「インコを飼いたいけど、無責任には飼えない」とするミドル女性にも、人気だった。

周りにやさしい大人でいたい

いまや日本の家庭の4世帯に1世帯が、犬か猫（あるいは両方）を飼っており、「単身世帯（ひとり暮らし）」でも1~2割がペットと暮らす。また、犬や猫を飼っている年代で最も多いのは、50代。既婚で子育てが終わり「そろそろペットでも」と飼い始めるケースも目立つが、今後はショウコさんやサキさんのように、おひとりウーマンの飼い主が占める割合も上がるだろう（〈社〉ペットフード協会「全国犬猫飼育実態調査」16年ほか）。

次章（第3章）では、ペットのような相棒と楽しく暮らすおひとり様の様子や消費傾向をご紹介するが、本章ではあえて、彼女たちの「40、50代ならでは」の切実な思いを綴った。

一般に、女性は男性より「母性」が強い。多くには子どもがいないから、「せめて捨てられた動物など、弱い存在を助けたい」と考えやすい。また次章でふれるとおり、女性は男性より自分の老後や余生に早い段階から思いを巡らせる。ゆえに、ペットを飼う前段階から「将来、私がもし飼えなくなったら」と真剣に悩む。そして、なにかに頼るのだ。

多少語弊はあるが、そこに必ずビジネスチャンスもある。

たとえば、先の「ねこのゆめ」のような成猫の引き取り・再譲渡事業もあれば、飼い主が死亡した際、ペットを託せる身内に死亡保険金を支払う「ペットのお守り」（アスモ少額短期保険〈株〉）のような保険商品もあるだろう。あるいは、最初から飼えない人たちに向けた「〇〇カフェ」のような憩いの場や、病などの事情でペットを飼えなくなった、あるいは「ペットロス」などで傷ついた人たちを、欧米のように専用カウンセラーや「私が癒してあげたい」とするボランティア女性たちと繋ぐサービスがあってもいい。

とくにSNSやIT系のペットサービスは、まだ多くは若い女性をターゲットと考えている。だが、今後はペットを「うちの子」以上の存在、すなわち「地域や社会の宝物＝みんなの子」と考えるおひとりウーマンに向けて、さらに一歩踏み込んだサービスが需要を増すだろう。

インスタをはじめとしたSNSの浸透は、40、50代も含めた女性たちの消費を大きく変えた。ペットの画像をアップするおひとりウーマンも多い。だが一方で、ミドル世代のおひとり様は、決してファッション感覚で「ペットを飼いたい」とは考えない。

家電もインテリアも、食についてもそうだ。単なる「見栄え」だけでは終わらない。自分にやさしく、かつ周りの人や社会、地球にもやさしい女性でありたい、「きちんとした」大人でありたいと考える。

それはひとえに、おひとりウーマンが「ひとりはラク」「楽しい」と痛感しているから。逆に、そこには少なからず「自分は社会や地域に奉仕していない」「つい見えないところでラクしてダラけてしまう」といった罪悪感が伴う。だからこそ、彼女たちは自分を律し、大人の女性として自己肯定できる「きちんと消費」にお金を使うのだ。

もっとも、人生は「きちんと」ばかりもいかない。今回の取材では、将来や老後の設計について、事前にきちんと準備しようとするおひとり様にこそ、「なぜそこに、そんなふうにお金を使っちゃうの?」と驚かされるシーンが多々あった。

次章では、そんなおひとりウーマンたちの突飛な消費行動から見ていこう。

第3章

「ぼっちは怖い」

おひとりサポートが「ゆるつながり消費」を育む

福山ロスで「やけマンション」買い

「福山（雅治）のファンでもないのに『福山ロス』になっちゃって。これは相当、独身を〝こじらせてる〟なって気づいたんです」と苦笑するのは、都内の通信会社で働くアキホさん（44）だ。

2015年9月、人気俳優でシンガーソングライターの福山雅治さんが女優・吹石一恵《ふきいしかづえ》さんとの結婚を発表、46年間の長きにわたる独身生活にピリオドを打った。このとき、多くの女性ファン、とくに独身女性たちから「なんで⁉」と悲鳴が上がったことは、広く報道されたとおり。心的ショックから「辛い」「会社に行く気力が出ない」などと嘆く、いわゆる「福山ロス」も話題になり、私が出演するテレビ番組の女性プロデューサー（おひとりウーマン）も、「いま、ヤケ酒飲んでます（泣）」とメールをくれたほどだ。

彼女たちのように、福山さんのファンが傷つく心境は理解できる。だが、アキホさんは自分でも言う通り、ファンではない。なぜ「福山ロス」に陥ったのか。

彼女は自分の内面に問いかけ、「あ、これって『年賀状ブルー』と同じだな」と気づいた、とのこと。すなわち、年賀状で結婚した友人の幸せそうな表情を見て「やられた！」と感じるように、福山さんにも裏切りを感じたという。

「それまで福山さんは、独身生活を謳歌《おうか》してるみたいだった。発表を聞いて、『なんだ、あなたも結局は〝そっち側（結婚したい）の人〟だったんだ』って、がっかりしたんです」

そこで彼女はどうしたか。ヤケ酒をあおるどころではない。なんと都内の新築マンション販売の現場に行き、2DK、3500万円のマンションを「即買い」したというのだ。1500万円と手数料分は15年ローンを組み、残る2000万円分は貯めていたお金からすぐ振り込んだ。即買いの理由は2つ。ひとつは会社の家賃補助（賃貸）が「45歳まで」だと知ったから。もうひとつは「ムシャクシャしている気分をアゲたかった」から。まさに、ヤケ酒ならぬ「ヤケマンション（買い）」である。

一方、「うちのピーちゃんのために、マンション買っちゃったんです」と話すのは、札幌市内の金融機関で働くユリエさん（48）。

ピーちゃんは、鳥ではない。5年前、彼女がひとり暮らしを始める直前に買った、ロボット掃除機「ルンバ」（アイロボットジャパン〈同〉）。動き出すときにピーと可愛く音を立てること、また色がパッションピンク（ピー）であることから命名した。

ルンバは、すでに多くの方がご存じだろう。みずから部屋の状況を判断し、直線的に、時にはくるくると動きながら進み、床のチリやホコリを綺麗に回収してくれる掃除機だ。

彼女がそれまで住んでいた賃貸マンションは築20年以上と古く、ほとんどの部屋に薄い絨毯が敷かれていた。でもピーちゃんが本領を発揮するには、断然フローリングの床のほうがいい。そこでフローリング物件をインターネットで検索、わずか4日迷っただけで購入を決めたという。札幌の中古物件ながら、お値段2000万円也。

一般的な40代の独身女性にとって、2、3000万円台の買い物は、「一生の買い物」のはず。だが、アキホさんやユリエさんのような女性は、必ずしも珍しくない。

私が、先のシティリビングと団塊ジュニア研究で「お宅訪問調査」を行なった際も、家賃6万円台のアパートで質素な生活をしているおひとりウーマン（41）が、4000万円以上貯まった通帳を見て、「おしゃれなマンションでも買おうかな～」とウキウキしていたり、土日のたびマンション販売のチラシを見ていたおひとりウーマン（44）が、「衝動買いしちゃった！」と新築物件の購入に至ったり、という場面に出くわした。

マンションを買ったら、夫が付いてきた!?

では40、50代の独身女性で、すでに持ち家（マンションを含む）を持つ女性は、どれぐらいいるのだろう。

住宅の購入や売買をサポートする情報サイト「ＳＵＵＭＯ（スーモ）」（〈株〉リクルートホールディングス）が20代と40代のシングル男女に実施した調査（２０１６年）によると、20代での「持ち家派」は２・４％しかいないが、40代では23・６％と４人に１人近く。女性だけを見ても40代シングルの持ち家比率は、22・２％と堂々の２割超えだ。

また、総務省の調査（平成26〈２０１４〉年「全国消費実態調査」）で「住宅・土地のための負債保有世帯率」、つまり親からの譲り受け等を除いて、自身で住宅ローンを支払っている人（単身世帯）の割合を見ても、09年時点の40代女性では２割にも達していなかったが、14年時点では３割に迫る勢いだ。均等法以前の世代（家業以外で働く割合が少ない）が含まれる50代の女性でも、09年の10・２％が14年には13・６％へと伸長【図表３-１】。

これもここ数年で、女性の社会進出と経済力、社会的信頼が着実に伸びた証しだろう。

また10年以上前、私が「おひとりさまマーケット」で20代半ば～30代後半の女性を取材

図表3-1　住宅・土地のための負債保有世帯率（女性・単身世帯）

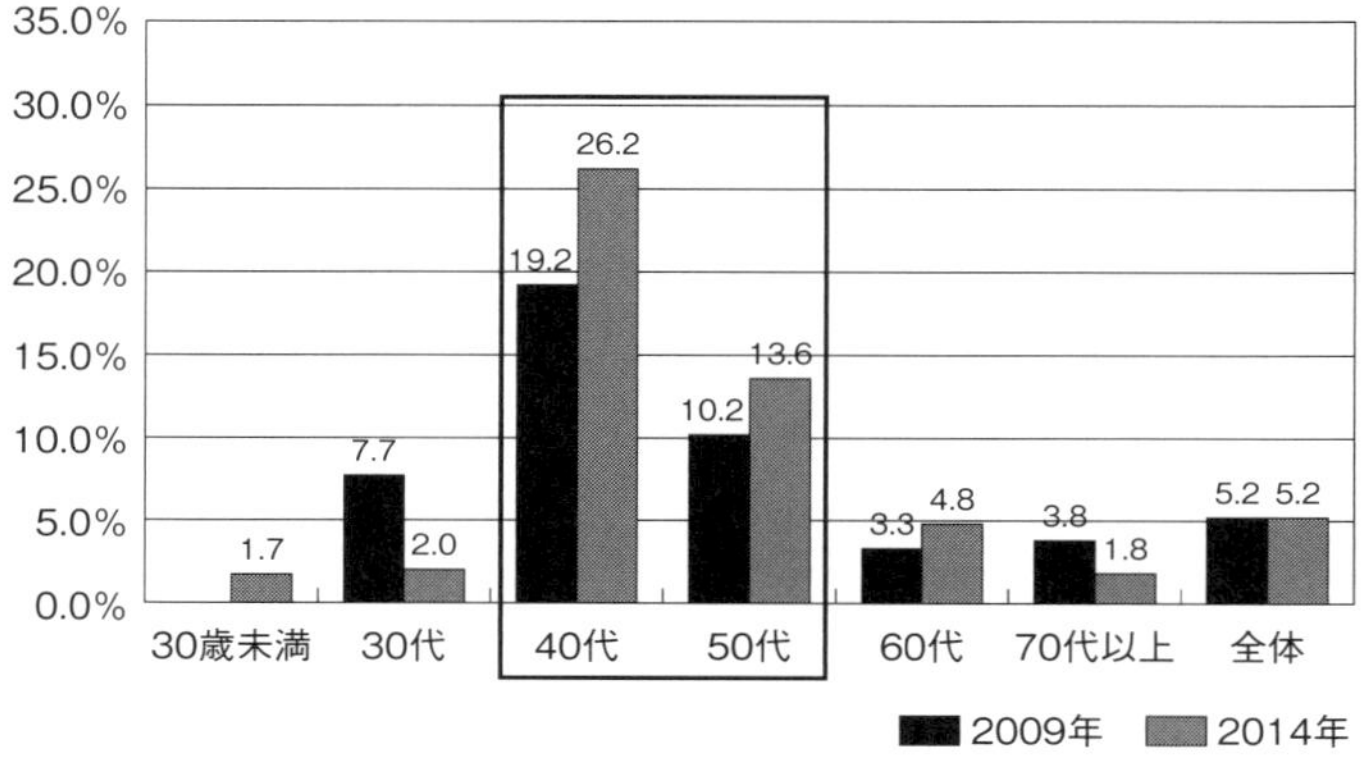

出典：総務省「平成21、26年全国消費実態調査」

した際は、「家を買ったら、結婚できなくなる」「これで生涯、独身決定かな」と半ば自虐的に話す女性が多かった。

ところが近年は、そこも様相が違うのだ。

驚いたのは、17年1月、私がテレビの情報番組「ニュースシブ5時」（NHK総合）で、マンション購入者のアラフォー女性たちにグループインタビューをしたとき。冒頭から、こんな台詞が飛び出した。

「一生結婚しないつもりでマンションを買ったら、結果的に夫が付いてきちゃった」

そう発したのは、数年前、都内に2LDKのマンションを買った、元おひとりウーマンのセイコさん。彼女の隣にいたユミさんも「私もそう！　結婚できたのは、勢いでマンションを買ったおかげ！」と強く頷いた。

なぜ彼女たちは、「マンションを買ったおかげ」で結婚できたのか。その一因と思しきことは、伴侶のプロフィールを聞いて、なんとなくピンときた。

どちらも夫は年下で、決して仕事をバリバリこなすタイプではない。反面、家事や育児には協力的で、妻の生活スタイルに合わせることを厭わない。よく言えば柔軟、多少の誤解を恐れずに言えば、極めて欲がない「草食系」なのである。

失礼を承知で、私は聞いた。「すでにローンの何分の1かを自力で返したマンションに、彼が途中から『転がり込んできた』ような状況ですよね。それって、なんかズルいとか男らしくない、みたいな感覚はなかったですか？」

すると2人は、「ぜ〜んぜん」と首を横に振った。そしてこう口を揃えたのだ。

「だって、いまさら自分のライフスタイルを変えたくない。知らない町に引っ越して一から生活するより、慣れた空間や地域に暮らし続けるほうが『ラク』じゃないですか〜」

なるほど、納得である。この10年で、私が「草食系男子」と呼ぶような、いわゆる見栄や虚勢を張らない男性が増えた。とくに若い世代では「男たるもの、家を買ってこそ一人前」や、「妻が買った家に引っ越すなんて」と強がることなく、「彼女、吉祥寺にマンション持ってるんだ、ラッキー」など、極めて合理的に物事を考えるようになった。

女性のほうも、とくにアラフォー年齢を過ぎると「生活へのこだわり」が強まり、いまさらリセットするのは面倒と考える。「結婚（同棲）相手が合わせてくれるほうがラク」と考えやすいから、両者で見事にマッチングが成立するのだろう。

ある不動産関連サイトが、20代以上の全国1280人を対象に行なった調査でも、独身時に住宅を買った男女の52・8％が既に結婚しており、「独身でマンションを買うと結婚できないと思うか？」との質問にも、「NO」が多数派だった。具体的には、「そうは思わない」と回答した人が、独身者を含めて7割以上（70・8％）もいたのだ（〈株〉シースタイル「スマイスター」調べ　17年）。

おひとり様の「マンション購入適齢期」は？

もっとも、シングル女性がマンションを買うのは「勢い」だけではないようだ。

まず考えられるのは、「投資目的」。ある研究会が20～60代女性に行なった調査でも、購入者の半数以上が〝39歳以下〟でマンションを購入。そこにひとりで暮らす女性が72％いる一方で、賃貸で家賃収入を得るなど「投資目的」での活用も11％を占めていた〈〈社〉女性のための快適住まいづくり研究会調べ　16年）。

とはいえ、一般に男性に比べれば、女性の投資志向は弱い。また、いわゆる「マンション購入適齢期」についても、「若いころより40歳前後」だとの声も根強くある。

同研究会代表の小島ひろ美さんも、以前取材した際、「持ち家を持つことは、おひとり様の漠然とした将来不安の軽減にこそ、大きく作用する」と話していた。

「マンションを買ったあと、いきいきし始めるアラフォー女性がいるのも、たぶんその不安が軽減されるから。『家さえあればなんとかなる』『いま頑張ってローンを払い終えれば家賃を払い続けなくてもいい』と前向きな思考に切り替わることで、ゆっくりお風呂につかり、暖かいお部屋でぐっすり眠れて、心身にもプラスに働くのでしょう」（小島さん）

先の「スマイスター」の調査でも、独身時に住宅を購入した女性の最大の目的は、「老後を考えて」（21・6％）。

小島さんが言うとおり、体力が弱り始めるアラフォー以降のおひとり様は、「もし将来、家賃が払えなくなったら」と考えやすい。ゆえに自分の城を確保しておきたいのだろう。

一方、こちらも以前お会いしたファイナンシャルプランナーの深田晶恵さんも、買いどきについて、「独身女性なら、やはり40歳前後がベストタイミング」だと教えてくれた。

「20、30代は、結婚・出産する可能性が高く、頭金が十分でないまま購入に踏み切れば、ローンがその後の自由な選択の足かせになるかもしれない。逆に50歳前後と遅くなると、60歳完済を目指すプランを選んだ場合、返済期間が十分に取れない心配も出てきます」

でも40歳前後なら、シングルというライフスタイルの選択にも自信が持てる。結果的にそれ以降に結婚・出産することになっても、ある程度は頭金のための貯蓄も確保できているはずだから、若いときのように足かせにはなりにくいとのこと。

頭金はといえば、「ローンの借入額を抑えるためにも、少なくとも物件価格の1割、できれば2割を用意すべき」だと深田さん。よほど高収入な女性以外、おひとり様の場合は「借入金2000万円＋頭金」を物件価格の上限だと認識すべきで、年齢にかかわらず不測の事態に備えて、300万円は「蓄え」として手元に残しておくほうがいい、とも言う。

では現実に、40、50代おひとりウーマンの貯蓄額は、どのぐらいあるのか。

総務省の「平成26〈2014〉年全国消費実態調査」によると、40代女性（単身世帯）の貯蓄合計（平均）は959万円で、実は同年代の独身男性（796万円）より160万円以上も多い。50代になると、さすがに男性が上回るが、それでも1482万円対1383万円と100万円弱の差。同じシングル同士なら、ミドル男性のほうが平均年収が高いのに、40代の貯蓄額では男女が逆転し、50代でも100万円弱の差しかないわけだ【図表3-2】。

年齢を重ねることで、消費も「男前」に

なぜか。私は10年ほど前の講演で、よく「独身男性は『ピンポイント型トラップ消費』、でも独身女性は『全方位型バスタブ消費』なんです」とお話ししていた。

つまりはこうだ。一般にミドル世代の独身男性は、女性より興味関心がピンポイントで、無関心なことにはほとんど消費しない。その

図表3-2　年齢階級別貯蓄現在高及び年間収入（女性・単身世帯）※

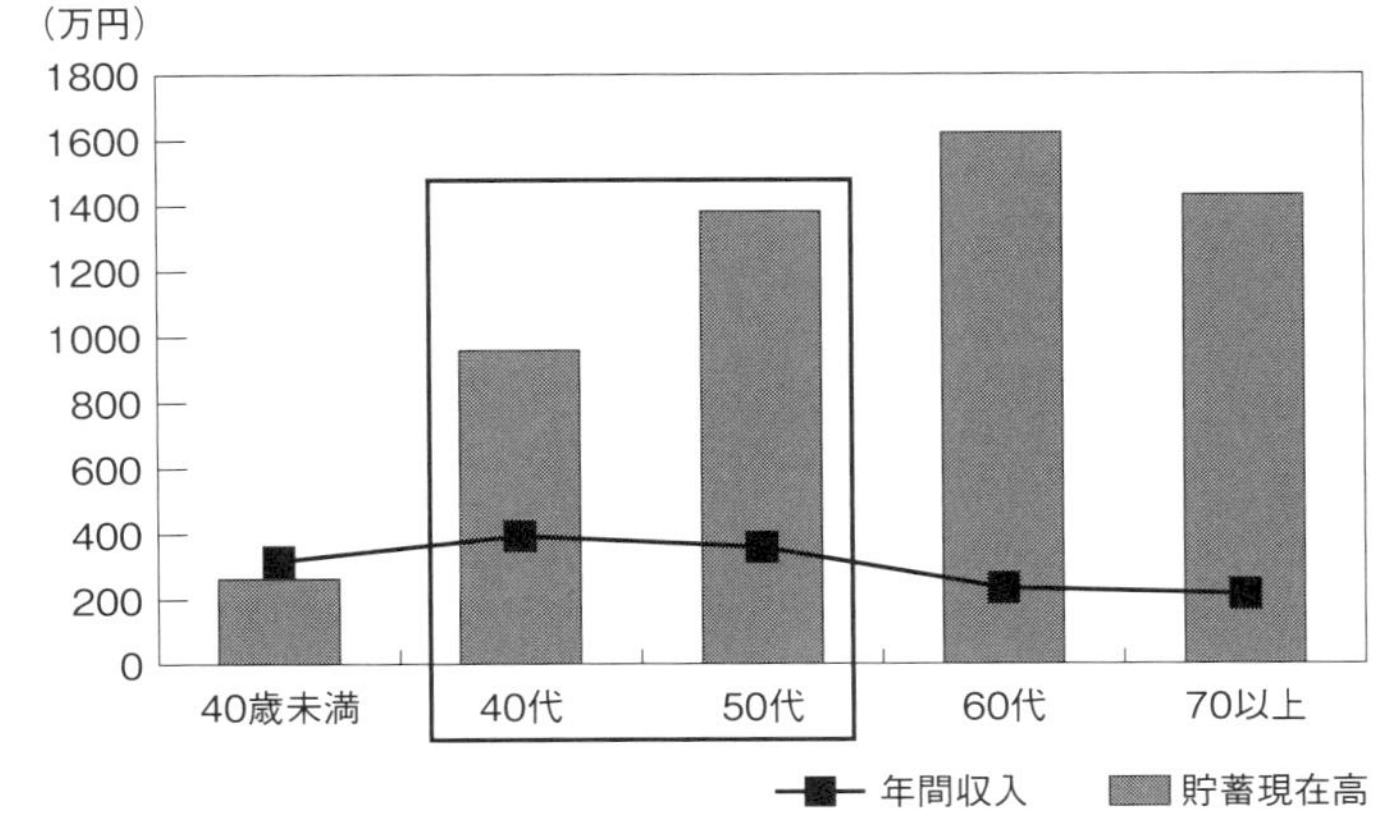

※貯蓄を保有していない世帯を含む平均
出典：総務省「平成26年全国消費実態調査」

代わり、「トラップ（罠）」のようにハマった趣味にはとことんお金を使う。たとえば、サッカーのプレミアリーグのファンなら、スカパーの専門チャンネルに加入し、好きなチームのユニフォームを買い、海外まで応援に行くといった具合。よく言われる鉄道やプロレス、アイドルファンも同様で、ある意味で「値段を見ない」、支出に上限を設けないことが、男性の美学でもある。

対する独身女性はというと、多くが消費については「浮気性」。

お気に入りの店に通い続けるより、「話題の」や「初上陸」などの売り文句に弱い。消費分野も移り気で、先月はバーゲン時期だから洋服に3万円使った、でも今月は旅行に30万円、来月は部屋を模様替えしたいからインテリアに5万円使おうかなといった具合。

一般に男性より、興味関心が幅広く、何にでも全方位にアンテナを張り巡らし、浅いバスタブにお湯を張るように薄く広く消費する。それが「全方位型バスタブ消費」の所以《ゆえん》だ。

ところがここ数年、そして今回の取材でおひとりウーマンの消費行動を観察すると、極めて男性的な「ピンポイント型トラップ消費」に近い様子が見てとれる。

年齢や時代とともに興味の範囲もだんだんと狭まり、ハマる分野には見境なくお金を使う独身女性が多いのだ。男性に比べれば、まだ「ふだんはスタバ（スターバックス コーヒー）

に入るのはもったいないから、ペットボトルにお茶を入れて持ち歩く」といった堅実ぶりも目立つが、使うとなったらお金に糸目をつけない。

まさに、第1章で三浦展さんがおっしゃっていた「この10年で、男性の消費が女性化した」の逆だろう。女性はミドル年齢になると消費が男性化、「男前」になりやすいのだ。

彼女たちの多くは、そんな男前消費の自分を称して、こうも言う。

「自分の趣味や興味に〝貢げる〟って、ある意味、すごく快感なんですよね～」

なぜルンバのために数十万円も〝貢ぐ〟のか

興味対象に貢いだおひとりウーマンのひとりが、先のルンバオーナーのユリエさん。

まずは「カレ（ルンバのピーちゃん）」がスイスイ掃除しやすいよう、廊下の床材を交換。続いて、家具を3つ買い換えた。ひとつは、カレが下に潜り込んで掃除しやすいソファ、残る2つはカーテンとラグマット。それぞれ、カレとしっくりくるデザインをコーディネイトして選んだという。かかったお値段、締めて60万円超！

実はユリエさん、2年前から全社的な「業務改革推進」のＰＪのメンバーだ。会社の役員たちは「無駄を省いて、生産性の向上を！」など声高に叫ぶが、日々の業務に追われて余裕がない支社スタッフのノリは悪く、「アンケートにご協力ください」と声をかけても「うるせえな」と舌打ちされることばかり。毎日、職場に通うのが憂鬱《ゆううつ》だった。

ところがある日、ピーちゃんを買い、思い切ってリノベーションしたマンションに引っ越すと、生活が一変。疲れて帰っても、ゆっくり着実に床のほこりを取り除いていくカレ（ピーちゃん）の動きを眺めるうち、「『業務効率を上げて、無駄な仕事を省く』って、所詮はマイナス（ほこり／無駄な仕事）をゼロに掃除するのと同じだな」と思えるようになった。「だったら、なにも急ぐ必要はないな」「人生長いんだし」……。

以前取材した、おひとりウーマン・レイコさん（当時51）も、同じようなことを口にした。彼女は、ＡＱＵＡブランド（現アクア〈株〉）がキャラクターのスヌーピーとコラボしたロボット掃除機「ＡＱＵＡ　スヌーピーロボットクリーナー」を購入。限定６００台を必死の思いでゲットし、そのまま「スヌーピー」と呼んで寵愛していた。

仕事は思うようにいかない。職場の後輩も、１から10までいちいち指示しないと動かない。これに対し、「スヌーピー」は見えないところで黙々と自発的に動き、仕事が終わると、みずから〝ゆるゆると〟充電先のステーションに戻っていく。その様子を見るだけで、「なんて健気《けなげ》なの⁉」「そうだな、何事もゆったりでいいんだよな」と再認できる。驚くことに、長年悩まされてきた不眠症も、スヌーピーが来てから治ったそうだ。

実は、私がレギュラー出演する番組「所さん！　大変ですよ」（ＮＨＫ総合）でも、ペット化するロボット掃除機の話題を取り上げたことがある（２０１６年2月25日放映）。この時、ルンバを「キヨシ」と命名するアラフォーのおひとり様（名古屋在住）が登場した。

彼女はそれまで、会社から大きな仕事を任されたプレッシャーで体調不良になった時期もあったそう。だが、７万円でキヨシを買い、「彼」のためにマンションをリフォームすると、次第に元気を取り戻した。しかもユリエさんのように床材を変えるだけでなく、なんとルンバが動きやすいように、部屋全体の間取りまでリフォームして変えていたのだ。

彼女らのように、ルンバに名前をつけて可愛がる、あるいは唯一無二の存在として愛着を抱く、そんな独身女性も決して少なくない。

ルンバの販売や保守を行なう日本法人・アイロボットジャパンのマーケティング部・金子理恵さんも、「弊社の調査でも、おひとりウーマンの女性を含め、ルンバに何らかの名前を付けているユーザーが決して少なくないことが分かっています」とのこと。

金子さんの知人でも、独身女性のルンバユーザーが何人もいるそうだ。たとえば、ＰＲ

会社で仕事をバリバリこなす、40代の女性。当初は「家も広くないし、ルンバを買うほどじゃない」と興味がなかった。だが、仕事でルンバの姉妹版「ブラーバ」の存在を知り、試して気に入って即購入。いまは「まるで実家から、お母さんが掃除しに来てくれたみたいにピカピカ」と、すっかりファンになったという。ほかにも、ペットを飼い始めて「抜け毛掃除」のためにとルンバを買う女性や、「家にはルンバしかいないから、つい話しかけてしまう」と話す女性芸能人をテレビで目にすることもある、と金子さん。

彼女たちの多くは忙しく、ストレスを溜めながら仕事をこなし、疲れて帰ってきて愚痴を言う相手もいないのだろう。掃除する気力もない中、リビングのソファに体を沈めてふと部屋を見回すと、たまったホコリがあちこちに見える……、ぐったりする瞬間だ。

でも留守の間、あるいは就寝中や会社に行っている間にルンバやブラーバが掃除をこなしてくれれば、その分帰宅後にストレスを感じずに済み、「だったら料理でも作ろう」「洗濯しようかな」と余裕が持てる。まさにユリエさんも、「ルンバを買ってから、平日に料理する頻度が上がった」と話していた。

彼女たち、おひとりウーマンがロボット掃除機に込める思いは、まるで「パートナー」。家事を「手伝う」のではなく「シェア」してくれる。私の辛い気持ちも、黙って聞いていてくれる。そんな理想の彼氏さながら、なのだろう。

私が合わせるんじゃない、家を私に合わせて欲しい

何かに優しく寄り添って欲しい。それはルンバだけでなく「住まい」についても同じ。最近は、そんなおひとりウーマンたちに「中古住宅」も売れている。

賃貸物件などに住んでいる男女に行なった調査を見ても、持ち家を希望する人のうち「中古住宅を購入し、リノベーションして居住したい」と答えた女性は、6～7人に1人（15・1％）。新築でなく「中古のリノベーション」を選ぶ理由の、圧倒的トップを占めたのは、「自分の理想や好みを反映しやすい」から（50・0％）だった（Marketing Research Camp「住まいのリフォーム・リノベーションに関する調査」17年）。

先のユリエさんが「ピーちゃん」のためにリノベーションをと選んだ依頼先は、札幌で住宅やリフォーム工事の設計・施工を行なう、（株）ジョンソンホームズ。

おひとりウーマンが家を買う際、年齢的に先々のローン返済を考えて「新築は厳しいから中古のリノベーションで」と判断するケースもあるだろう。だが、それだけではない。

同M＋事業部の谷本泰さんは、「すでに自分の生活スタイルが確立した女性にとって、自分が家に合わせるのではなく『自分に合わせてもらえる』点が大きなメリット」だと話す。

たとえば、ジョンソンホームズの「M＋」（リノベーション事業）を以前利用した、シングル女性のA子さん。なんと靴を数百足も持っていて、「リフォームして、靴をズラリと並べられる広い土間を作りたい」と希望したそうだ。

また、趣味でピアノを弾く女性は防音室を、ダーツが趣味の女性はダーツ室をそれぞれオーダー。ほかにも、アクセサリー作りのための部屋や、ペットの猫のキャットウォーク、犬の通り道付きの部屋（各ドアに通り穴を開ける）など、おひとり様が希望するリノベーションは、実に多種多様だと谷本さん。

「札幌も都市部なので、40代でバリバリ働く女性層が多い。彼女たちはストレスにさらされている分、趣味をゆっくり楽しめ、自分を解放できる場所を求めている。ただ寝に帰る『ねぐら』ではなく、自分の気分が『アガる場所』が欲しいからこそ、思い通りに合わせてくれる中古のリノベーションを選ぶのではないでしょうか」

気分がアガる場所、まさに先のユリエさんも漏《も》らしていた言葉だ。

拙著『男が知らない「おひとりさま」マーケット』を書いたとき、私はひとり暮らし女性が家に込める思いを、ホッと心を癒せる「ホッとステーション」のようだと表現した。だが、おひとりウーマンの思いは、もっと深いこだわりや「自己マン（自己満足）」精神に満ち溢れている。誰に自慢するわけでもない、でもそこに帰れば「この空間こそが、私そのもの」だと実感できて、気分がアガる。たとえるなら「私の城」「一国一城の主」感覚だ。

先のジョンソンホームズの「M＋」も、事業部化して約5年間で250軒の中古マンションリノベーションを手掛けるが、オーナーの3分の1はひとり暮らし、うちほとんどが30～50代の独身女性で、おひとりウーマンはボリュームゾーンとのこと。

「ただ意外に、当初は『こういう生活を実現したいから、こんな空間を作りたい』とまで具体案を持っていない女性が多い」と谷本さん。

ゆえにM＋では、専属の女性インテリアコーディネーターを配置。彼女たちのぼんやりした夢や方向性を元に、ほぼカウンセリング形式で、コーディネーターが共に理想の住まいをデザインしていく。ひと手間、ふた手間かかるが、「住むことで、自分がどうなりたいか」という夢を具現化していくので、彼女たちもおのずと前向きになっていくとか。谷本さんいわく「リノベーションし終わると、綺麗になる女性が多い」そうだ。

「準貧困女子」と「貧困予備軍女子」

もっとも、1000万円以上のキャッシュを頭金にポンとマンションを買ったり、ルンバを買ってリフォームしたりできる女性の多くは、「プチ富裕層」と呼べるかもしれない。というのも、昨今は最低限の生活を営むのも苦しいほど経済的に困窮する、いわゆる「貧困女子」が注目されているからだ。一般には年収114万円未満、月の手取りが10万円以下と定義されるが、40、50代で未婚、あるいは子どももをもたずに働くおひとりウーマンの場合、さすがにここまで困窮しているケースは珍しい。

それでも、昨今はよく言われるとおり、ミドル世代の独身でも「二極化」が顕著だ。

ちなみに、一般に公開される調査データでは、「平均値」しか公表されないものも多いが、近年は年収や貯蓄を見るうえで「中央値」、すなわち値が低い順（高い順）にデータを並べたときに中央にくる値を見ることも重要。格差や二極化が顕著な世の中では、極端に高低に寄った男女が平均を押し上げる（下げる）ことも多いからだ。

現に、金融広報中央委員会の調査結果を見ても、40代の単身世帯で年収300〜500万円未満（男女）の平均貯蓄額は「660万円」とあるが、中央値は「300万円」でしかない（「家計の金融行動に関する世論調査（単身世帯調査）」16年）。

また先ほど、総務省の調査結果をもとに、40代女性（単身世帯）の貯蓄の平均が959万円だと書いたが、こちらも実はバラつきが大きいことは予測がつく。別の民間の調査で、40代・独身女性の金融資産額（預貯金や投資信託、生命保険などの合計金額）の分布を見ても、2位が「3000万円以上」とかなり多く14・8％、3位が「1000万円台」で11・1％いるが、1位は「100万円未満」で30・9％と、ダントツである。

つまり、40代独身では、金融資産を3000万円以上保有する女性が、およそ7人に1人いる一方で、100万円未満の貯蓄しかない女性も、約3人に1人存在するのだ〈株〉ネオマーケティング「SUUMOジャーナル 20代・40代シングル調査」2016年）。

そう、おひとりウーマンは「持てる」女性と「持たざる」女性の格差が大きい。40～44歳の未婚女性で「非正規」が36・5％と4割弱を占めることから見ても、陰には貧困に近い「準貧困女子」、あるいは「貧困予備軍女子」も、少なからずいるのである。

なぜ、こうした問題があまり露呈してこなかったのか。

理由のひとつに、次章で紹介する「パラサイトシングル」、すなわち親と同居する住まい方があると確信する。というのも私自身、2004年秋以降の数年間で、積水ハウスとシングル女性の親子同居（いわゆるパラサイト）について深く研究してきたから。パラサイトと聞くと、一般には「若い世代のこと」と想起しがちだが、そうとは限らないのだ。

たとえば２０１４年現在、「親と同居の壮年未婚者（35〜44歳の男女）」は、全国に３０８万人もいる。これは１９８０年当時の約8倍、２０００年と比べても約2倍にも相当する数だ（総務省統計研修所「親と同居の壮年未婚者　２０１４〈平成26〉年」）。

次にこれを男女別に見ると、男性パラサイトが１８３万人で全体の約6割、女性パラサイトが１２５万人で全体の約４割。未婚女性の35〜44歳人口は、現在約１８７万３０００人（「国勢調査」15年）だから、同年代の約67％がパラサイトだと算出できる。さらに別の調査で、上も含めた40、50代独身者の親同居割合を見ても、女性で約６割にのぼるのだ（〈財〉年金シニアプラン総合研究機構　15年）。

ちなみに、35〜44歳で男性のほうが同居率が高いのは、おそらく独身者の「完全失業者」が５・７％と、女性のそれ（２・３％）の倍以上にのぼるからだろう（ここは別途、深刻な問題である）。

話を戻そう。一般には親と同居する場合、家賃全額を支払うことはしなくていい。以前、弊社が積水ハウスと行なった調査（05年）でも、当時30代パラサイト女性の３割以上が、月に1円も実家に入れていなかった。40代以上を対象に同じ調査をした経験はないが、その後のインタビュー調査などから、おそらく2割前後の女性は「家賃も光熱費も食費も、ほぼゼロ円」状態のまま、親と同居しているだろうと想像できる。

だからこそ、貧困状態が表に見えにくいのだ。

また同じ調査で、30代パラサイト女性のなんと9割弱は、「家事はほぼすべて母親任せ」だった。料理や掃除や洗濯、そのほとんどを「娘は忙しそうだから」と母親が代行してくれる。ルンバどころか「執事」さながらだ。ときにそれを「うっとうしい」と感じることもあるが、多くは40代を過ぎても「いまさら断りにくい」と任せている状態。

この先、親が介護年齢に差し掛かるまでは、大人対大人ではなくずっと「親子」のまま、たとえるなら「オトナ親子」として同居を続けるケースも増えるだろう。

ガンの手術より、サッカーの応援を優先？

今回、34人のおひとりウーマンへの取材では、あえて年収200万円台の独身女性を3人取材した。2人は派遣社員、残るひとりはフリーランスの女性である。

そのひとり、1年前からフリーで働くマコさん（51）は、4年前に乳ガンが見つかった。「お医者さんから聞かされたとき、あまりにショックでしゃがみこんじゃいました」ステージは1。幸いしこりの大きさは2センチ弱で、乳房の外やリンパ節には転移していなかった。そこで家族とも話し合った末、「乳房温存」の手術法を選択。だが、「手術の日をいつにするかで、お医者さんと揉《も》めたんです」と言う。なぜか。

実はマコさん、サッカーの長友佑都《ながともゆうと》選手の大ファンだ。彼がイタリア・セリエA《アー》の「インテルミラノ」に移籍して以降、わざわざ試合を見に5回も海を渡った。乳ガンが発覚したのは、2013-2014シーズンのセリエA開幕戦（ジェノア戦）の3カ月前。「苦労してチケットも手配したから、絶対応援に行きたかった。『手術は早いほうがベター』だって言われたけど、その前にユウト（長友）の走りを目に焼き付けたかったんです」

多少オーバーに言えば、乳ガンの手術日を「サッカー（長友）優先」で決めたわけだ。

その甲斐あってか、長友選手はジェノア戦で1年8カ月ぶりの爽快なシュートを決めた。スタジアムは絶叫、マコさんもユーチューブで見て覚えたインテルの応援歌を、胸のすくような大声で歌った。全身で「サイコーに幸せ！」だと体感した1日だったという。

帰国後の手術は成功、放射線治療も含めてガンは4カ月でほぼ完治した。

その後も「もし再発したら」との不安は消えず、入浴時には恐る恐る乳房の周りを触っている。でも、いまもサッカー命。2年前、正社員から契約社員に変えてもらったのも、正社員だと土曜日の隔週出社が義務だから。土曜には、その後ファンになった「（川崎）フロンターレ（現在サッカーJ1）」の応援へとスタジアムに通いたかったからだという。

ただ失礼ながら、私は初め、彼女に100％は共感できなかった。頭の隅にあった疑問は、「なぜそこまでサッカーを？」。

私もことプロ野球やプロレスに関してはかなり熱狂的なファンだと自負するが、それでも応援のためにガンの手術を遅らせたり、正社員から契約社員に変わる道を選んだり、という自分は想像できない。あくまでも「応援より自分の体が優先」と考えるから。

でもマコさんの話を聞くうち、彼女は決して自分の体を疎かにして「サッカー愛」を注いでいるのではないと気づいた。

むしろ自分を大切にしたい、自身を愛したいからこそ、サッカーに傾倒していたのだ。

それに気づいたのは、彼女のこんな台詞だった。

「私って所詮、独り者じゃないですか。いつもなんとなく気にかけてくれるのは、『海豚《イルカ》サポ（フロンターレのサポーターを表す隠語）』のみんなだったりするので」

いわく、かつて勤めた会社には、打ち解けて話せるような友達はいなかった。また、家族や専門学校時代の友人に「ガンになった」と告げてから、たまに集まっても「お酒飲んで大丈夫？」など、腫れ物に触るようなやり取りばかり。「会うのが面倒になった」という。でも趣味が同じ仲間同士なら、自分の仕事や細かな身の上を明かさなくても、SNSやリアルのサッカースタジアムで「ゆるく」つながれる。一部の「海豚サポ」に「実は3年前、乳ガンの手術したんだ」と打ち明けたときも、皆「大変だったね」「頑張ったね」「なにかあったら言ってね」など付かず離れず、大人の距離感で見守ってくれるとマコさん。その「ゆるつながり」の感覚こそが心地よいという。

狂言と友人との再会が「黒い部分」をデトックス

一方、「私ってば、狂言にいくら〝捧げてる〟か分かりませんよ」と苦笑するのは、外国人観光客向けの小さな旅行代理店で働く、スミカさん（47）。年収は300万円を割る。

狂言にハマったきっかけは、たまたま訪れたホテル（渋谷のセルリアンタワー東急ホテル）での出来事だ。スミカさんがトイレで浴衣姿の女性たちを見かけ、なんだろうと付いていくと、行き先は地下2階の「セルリアンタワー能楽堂」。お堂前のロビー周りには、ドリンクやフードがずらり。そのテーブルを、華やかな雰囲気の男女が取り囲んでいた。浴衣姿の女性に「なんのイベントなんですか？」と話しかけると、「ああ、『狂言ラウンジ』ですよ」との答え。聞くと、能楽師・大藏彌右衛門《おおくらやえもん》さんの次男、大藏基誠《もとなり》さんが、初心者でも気軽に狂言にふれられるようにと始めたイベントで、狂言の観劇前に1時間程度、ラウンジでウェルカムドリンクや演目にちなんだフードを振舞うというものだった。

「狂言なんて興味がなかったのに、そこで運命の再会をしちゃったんです」。その相手は、女子大時代の同級生・ヒロコさん。若いころは、まったく話が合わなかった友人だ。

お嬢さま育ちのヒロコさんに対し、スミカさんの20代は波乱の連続だった。

新卒で入社した憧れの百貨店は、いまでいうブラック企業。女性上司による「モラハラ（モラルハラスメント）」で、5年で退職する羽目になった。退職後もうつ病に悩まされ、外出できない状態に。唯一の楽しみは、レンタルビデオ鑑賞ぐらいだった。

だがそこで、ミニシアター系のヨーロッパ映画に惹かれたスミカさん。たちまち映画の舞台となった地（欧州）を自分の目で見たくなり、退職金で1カ月のひとり旅に出掛ける。

これが「まさか」の転落人生の始まりだった。

旅の途中、ミラノのバール（バー）で出会ったのは、中堅PR会社の社長（60代）。このとき、スミカさんはまだ30歳だった。「会社辞めちゃったし、金欠なんですよ～」と冗談めかして話すと、彼は「うち（の会社）が日本で持っているアパートに、タダで住んでいいよ」と誘いをかけた。事実上の「愛人」として彼女を囲い込もうとしたのだ。

「さすがに断っただろうな」と思いながら、私はスミカさんの話を聞いた。だが違った。それどころか、「確かにそれ、ラクでいいかも」と、素直に受け入れたというのだ。

名門女子大に入って留学もし、憧れの百貨店に就職した彼女が、ちょっとしたきっかけで未来の階段を踏み外す、これが人生の怖いところだ。

結局、愛人生活は3年で破綻したが、彼女は自堕落《じだらく》な生活に慣れてしまっていた。その後は夜、バーやスナックでゆるゆると働くようになり、店で知り合った男性たちと「なんとなく」男女の仲に。数万円の小遣いやお手当てをもらうことも珍しくなかったという。

そんな生活を大きく変えたのが、先の「狂言」、そして懐かしい友人との再会だ。

昔は「単なるお嬢様」だと思っていたヒロコさんも、現実には29歳で離婚。その後は母親の介護を6年以上続けるなど、苦労続きだった。「せめてもの息抜きに」と通い始めたのが、このイベント。そこから伝統文化の世界にのめり込んだ、とのこと。

狂言ラウンジを企画・主催する大藏基誠さんによると、「参加者の中心は30、40代で、7割が女性。浴衣や和服などドレスアップして来る方も大勢います」。初めて会った人同士が仲良くなり、ゆるくつながって「また狂言で会おうね」と話す風景も目にするという。まさに大人の社交場さながらで、ヒロコさんはこの雰囲気に惹かれたのだ。

他方のスミカさんは、狂言という未知の世界を入り口に、日本の伝統文化を「知りたい」との欲求に取りつかれた。歌舞伎や文楽にも興味をもち、「やっぱ着物でキメないと」と、和装も買い揃えるように。歌舞伎座（銀座）に夜の部を観に行くと、その後はレストランで美味しいワインに舌鼓。つい帰りが遅くなり、ホテルに泊まることもある。

もっとも、「最近は銀座にも〝コスパがいい〟ホテルが増えてるんですよ」とスミカさん。たとえば、歌舞伎座の最寄り駅「東銀座」から徒歩1分の場所にある、「THE PRIME POD（ザ・プライムポッド）銀座東京（以下、プライムポッド）」。従来のカプセルホテルや、ホステルとは違い、スタイリッシュにデザインされた〝POD（カプセルユニット）〟に泊まれる、新感覚の宿泊施設だ。

支配人の石川数正さんによると、女性リピーターに多いのはアラフォー年齢。スミカさんと同様、「歌舞伎観劇のあとで泊まる」というケースも決して少なくないという。

「歌舞伎を観る女性というと、『セレブでリッチなホテルに泊まる』イメージかもしれない。でもいまの時代は、文化など自己投資にお金を使う半面、節約できるところはキチンとしよう、という40、50代女性も増えている印象です」

だから宿泊では、プライムポッドのように〝コスパがいい〟ホテルを探す。ただし40、50代女性は、圧倒的にグレードが高い、個室タイプの「グランドポッド」（1泊・朝食付税込6000円〜）を選ぶと石川さん。フロントを兼ねた13階のラウンジで、夜の銀座を見下ろしながら、クラフトビールやスペイン産の生ハムを楽しむ女性も見かけるそうだ。

スミカさんも「ラウンジがサイコーで」と満足げ。ただ、かつて夜のバイトで貯めたお金も、大半は狂言と歌舞伎への出費に消えた。いまは再び「ほぼ貯金ゼロ」だという。

それでも日本の奥深い魅力を知ったことで、「インバウンドのお客さまに伝えたいことが増えた」と彼女。なにより、ヒロコさんとはLINEでしょっちゅう悩みを打ち明け合い、自分の中に溜まっていた「黒い部分」がすっかりデトックスされたようだという。いまは副業で外国人相手の観光ガイドをしようと、観光士の資格を得るべく勉強中だ。

40代ひとり暮らしは、日本社会の「負債」か

プライムポッドの例から見えるとおり、いまや〝コスパがいい〟衣類（ファストファッション）や航空会社（LCC）、格安スマホなどの登場で、10年前より節約生活がしやすい環境になった。若い世代と違い、バブルを知る40、50代のおひとりウーマンは「使うべきところにはドンと使う」が、それでも以前に比べて上手にメリハリをつけている。

その代わり、将来不安などから、若い世代以上に重視するのは「人脈」。

社会学者の上野千鶴子さんは、よく「人生のクォリティを決めるのは、金持ちより『人持ち』であること」だというが、まさに言い得て妙だ。

先ほどご紹介した、サッカーファンのマコさん。実は「フロンターレの応援に行きたい」からと契約社員になった半年後、ショックな出来事に見舞われた。会社から突然の解雇通告をされたのだ。会社自体の存続が厳しいから、というのがおもな理由だった。

アラフィフからの再就職は厳しいと悟ったマコさんは、ひとり暮らしから市営住宅の実家に戻り、母親と2人暮らし。いまはフリーの編集者として月20万円を稼ぐに留まる。

生活は苦しいが、「20代のころはフリー編集者だったから、元に戻っただけ」。

78歳になる母親は少しずつ足腰が衰え、認知症ぎみで同じ話を繰り返す。日々の生活も楽ではない。でも「私は、『海豚サポ』の仲間とつながっているから大丈夫」だという。

さすがにいまは、イタリアまで長友の応援には行けないが、それでもサッカー関連には年間で20万円以上使う。それが唯一無二の贅沢で、自分の心を支える「お守り」だから。

まさに「人持ち」が、彼女の大きな財産だ。

ファンや趣味の仲間とゆるくつながる、「ゆるつながり」は、もちろんサッカーや狂言だけではない。ほかにも、40、50代で「嵐」や「キスマイ（Kis-My-Ft2）」など、ジャニーズ事務所のアイドルを追い掛ける「ジャニヲ（オ）タ」や、フィギュアスケートの羽生結弦《はにゅうゆづる》選手らを信奉する「スケオタ」、あるいは、もっとニッチなサボテンなど多肉植物を買い集める「多肉女子」や、古墳の魅力に取りつかれる「古墳女子」など、趣味を介してファン同士、ゆるくつながろうとする女性は数知れない。

いまやその仲間は、リアルのオフ会やイベントだけでなく、SNSでも探せる時代だ。20、30代では、単純に「趣味の話で盛り上がりたい」との声が多数派だが、40、50代のおひとりウーマンは、それだけではない。近すぎない相手に、仕事や心身の悩みを打ち明けたい。あるいは自分に「なにか」があったとき、励ましたり助けを呼んだりして欲しい。そんな「他人以上」で「家族・親友未満」の存在を、強く欲しているのである。

なぜなら、その背後に「孤独死」をはじめとする漠然とした将来不安があるからだ。

２０１７年夏、「おいおい、マジかよ」「うそでしょ！　衝撃」といった呟きの数々が、SNS上を飛び交った。きっかけは、７月22日の夜、１時間半にわたって放送された、NHKスペシャル「AIに聞いてみた　どうすんのよ⁉　ニッポン」（NHK総合）。

番組内では、次の見解が飛び出した。

「40代ひとり暮らしが日本を滅ぼす」――。

おひとりウーマンにとっても、まったく他人事《ひとごと》ではない。番組を見ていた派遣社員のヨウコさん（44）も、「60、70代どころか、40代ひとり暮らしの段階からヤバイと言われて、『いますぐ、どうにかしなきゃいけないの？』って焦りましたよ」と顔を曇らせる。

番組終了後、彼女は試しにネットで「40代」「孤独死」とキーワード検索をかけてみた。すると40代の「孤独死」や「突然死」に関する記事が続々と出てきたという。

NHKが「40代ひとり暮らし」にフォーカスしたきっかけは、オリジナルで開発した「社会問題解決型AI（人工知能）」による分析。独自のAIが、実に７００万を超えるデータを〝ディープラーニング〟などによって解析した結果、「40代ひとり暮らし」が増えると、自殺者、餓死者、空き家、救急出動件数などが増える……といった傾向が示された。その結果、ひとり暮らしの40代が増えると日本は滅ぶ、との結論に至ったというのだ。

この論調は多少乱暴だが、確かに孤独死は「40代から」増え始める。

ある社団法人の調査で、16年に賃貸住居内で「孤独死」と判定された男女（1095人）の詳細を見ると、いずれも20、30代での孤独死は1割に満たないが、40代（40〜49歳）になると男性で12・8％、女性で12・6％と、それぞれ孤独死者の7〜8人に1人は40代が占める。しかも発見までに1カ月超を要するケースが、男女とも3割超。さらに衝撃なのは、孤独死する人の平均年齢が、男女とも60歳前後（男性60・4歳、女性59・7歳）であることだ（〈社〉日本少額短期保険協会「第2回孤独死現状レポート」17年）。

孤独死後の発見に時間がかかる一要因は、住まいなど地域社会における、ミドル世代の「人づきあい」の少なさだろう。ふだん気にかけてくれる存在が周りにいない人ほど、発見までに多くの日数を要する。ヨウコさんのように、非正規の独身女性はなおさらだ。

孤独死を防ぐ？「墓トモ」や異世代シェアハウス

一般に、仕事外の人脈は、男性より女性のほうが豊かだ。ただ、女性は男性に比べて、非正規やフリーランスの割合が高い。このことが、「孤独死」の不安を増幅させる。

ヨウコさんの場合も、1年のうち3分の2は派遣社員として働き、残る3分の1は静養に充てている。30代後半で大病を患《わずら》ってから、無理がきかないからだ。こうなると、長らく出社しない時期に突然、心筋梗塞《しんきんこうそく》や脳梗塞などに襲われても、会社関係者が「どうしたんだろう」と連絡することもなく、最悪のケースでは「孤独死」して何週間も発見されない、という事態もあり得る。

ただ、女性は男性よりリアリスト。40、50代のうちから、予防や老後の準備に取り掛かるケースも少なくない。派遣社員のマサエさん（50）もそのひとり。1年前から、健康維持のためのホットヨガと、「いざというとき」のための「墓トモ探し」を始めた。

墓トモとは文字どおり、他人同士にもかかわらず、一緒にお墓に入る友達のこと。「共白髪」ならぬ「『共墓《ともばか》』を目指そうね」を合言葉に、ヨガスクールや自治体が主催する趣味の教室、さらには霊園見学会などで、「生涯の友達になれそう」という女性に積極的に声をかけ、SNSでも頻繁に連絡を取り合うようにしているという。

「いまからつながっておけば、お互いに安心。『保険』感覚かな。一番仲良くなった友達とは、毎日のようにLINEで連絡を取り合って、『風邪もう治った?』など〝安否確認〟していますとマサエさん。周りのおひとりウーマンも「終活（人生の終末のための準備）」に関心が高いから、お墓や葬儀をどうしたいかも話題にのぼるそうだ。

よく「50歳を境に、女子会の話題が『恋愛』から『健康』に変わる」と言うが、おひとりウーマンはさらに一歩も二歩も先を行く。終活や自分の最期まで、話題にしているのだ。

50歳どころか、アラフォー年齢から終活に入る女性も少なくない。以前、大規模な樹木葬墓地を有する「杜《もり》の郷《さと》霊園」（千葉県八千代市／運営：〈株〉川辺）を取材した際も、同営業担当者が「近年、アラフォーやその上のおひとり様女性が、明るく霊園見学会にやってくる様子をよく目にする」と言っていた。彼女たちは初対面の女性どうしでも、送迎バスの中で仲良くなるなどしている、とのこと。霊園見学会も女性の参加者が圧倒的で、大半はひとり参加だという。

最近は「ひとり暮らし同士」が、経済的合理性や安心・安全を求めてつながる住まい、いわゆるシェアハウスも、すっかり一般的になった。

ただ、一説によると「40代以上のミドルやシニアは、孤独死の危険性が高まることもあり、審査段階で落とされるケースも多い」ともされる。まったく時代遅れの感は否めないが、現実には確かに、入居者の多くが20、30代の若い男女中心。先日、ある業界関係者に聞いた際は、「20代と50代など、幅広い年齢層が共同生活を送るとなると、価値観の違いからトラブルが起きやすい」、だからミドル層は歓迎できないとも話していた。

そんな中、あえて「異世代」に特化した共同生活の推進に尽力する女性がいる。NPO法人ハートウォーミング・ハウスの代表・園原一代さんだ。

シングルマザーとして、すでに30代になる一男一女を育て上げた彼女は、2010年に同NPO法人の認可を受け、東京・世田谷区を中心にホームシェア事業を始めた。きっかけは、「当時、おひとりウーマンだった自分も、将来子どもに（介護などの）心配をかけたくなかったから」。ゆえにまだ元気なうちに娘のそばを離れ、シェアハウスで暮らし始めたという。そのうち、「安く家を借りたい若者と、空き家を活用したいというシニアを結びつけられれば」との考えを強くし、異世代のホームシェア推進に思い至った。

「大金をはたいて家を買っても、『ひとりの寂しさ』は拭えない」と園原さん。でも住まいをシェアすることで、家族と暮らすより自由が得られ、お金も蓄えられる。なにより付かず離れず、ほどよい距離感の〝非血縁家族〟がいることで、安心感が大きく違うという。

「友達近居」やAI、IoTがサポートする未来

以前取材した「個個セブン」という名の自立型グループの試みも、ユニークだった。「個個セブン」の名に込められたのは、「メンバー（7人）がそれぞれ個々に自立しながら、自分らしく暮らしていこう」との思い。もともとは中高年男女のネットワーク「オパール・ネットワーク大阪」の代表を務めていた田矢きくさんが２００８年、志を同じくする7人の「働く女性たち（女友達）」とともに、兵庫県尼崎市のマンションで、別々の部屋に「近居」し始めたのがきっかけだ。

昔からおひとり様の女友達どうしで「将来、一緒に住めたらいいね」と話していた田矢さん。当初はみんなで一軒家を建てようと、土地を探し始めたが「金額や条件が折り合わず、なかなかいい場所が見つからなかった」とのこと。

もう駄目かと諦めかけたころに出会ったのが、ある新築マンション。ちょうど売り出し始めた時期で、49戸のうち7戸をメンバーそれぞれが購入。友達同士の近居、いわば「友

達近居」が始まった。以来、ふだんから互いの安否は頻繁に確認し、おかずやもらい物のおすそ分け、留守中の植木の世話なども行なう。まさに和気あいあいとした生活だ。

一方で、メンバーは自室とは別に「共同部屋」を借りた。ここを「いざ」という災害時の水や食料の備蓄スペースにするとともに、月1回の「土曜サロン」や「食事会」など、個個セブンのイベントスペースとしても活用。その代わり、誰か個人の部屋に入り浸って話し込んだりパーティをしたり、といったことは極力行なわない。あくまでも個々人の自立とプライバシーを重視しながら、「ゆるつながり」の関係を続ける、それが「友達近居」の大切な部分だと、田矢さんは教えてくれた。

おそらく、おひとり様の誰もが思う。「もし災害や健康被害など『何か』があったら、私はどうなるのか」。若いころ以上に、40、50代のミドル年齢になればなおさらだ。自分がとことん傷ついたとき、あるいはいざという不幸に見舞われたとき、頼れるのは、離れて住む「血縁（家族）」より、「地縁」や「知縁」、そう感じている独身女性も数多い。すなわち、すぐ身近な場や地域に「近居」するご近所さん（「地縁」）や家電、そして趣味やイベント、SNSを介して、知の共有でゆるくつながる仲間たち（「知縁」）など。

だからこそおひとりウーマンは、住まいや家電、あるいは趣味の仲間を「保険」や「お守り」、あるいは悩みをシェアする「パートナー」や「サポーター」だと位置づける。そしてときには、その分野に「えっ⁉」と驚くようなお金を投じることも厭わない。

また、いまはまだシンプルなモノ対人、あるいは人対人のつながりだが、近い将来、そこに〝ＡＩ〟や〝ＩｏＴ《アイ・オー・ティー》（Internet of Things／モノのインターネット化）〟が、当たり前のように入り込んでくる時代になる。

たとえば、ＡＩを搭載してすでに会話まで楽しめるロボット掃除機。シャープ（株）の「ＣＯＣＯＲＯＢＯ（ココロボ）」はおしゃべり機能付きで、「ゴミ発見！」などとしゃべりながら掃除をしたり、持ち主の「ただいま」という言葉に「おかえり」「大変だったね」などと反応したりもする。これが進化すれば、突然病に倒れて電話さえできないときも、ロボット掃除機が異変を察知、「救急車を呼ばなきゃ」と気づいてくれるようになるだろう。

住まいのセキュリティも、同様だ。今回取材したおひとりウーマンのひとり、マナミさん（52）は、手取り年収３００万円台ながら、家賃26万円もする最新鋭のマンションに住んでいる。理由を聞くと、「過去に怖い目に遭ったから」。家賃４万円台の木造アパートに住んでいた20代のころ、朝起きたら「知らない男性」が部屋にいた、というのだ。

「思わず『キャ〜！』ってものすごい悲鳴をあげたら、隣のオバサンがホウキを持って助けに来てくれた。でもあんな思いは二度としたくない。だからお守り代わりに毎月26万円、自分に投資しているんです」

いまのマンションはオートロックやドアモニターはもちろん、防犯カメラが5台あり、セコムとも契約しているなど、万全のセキュリティ体制を誇る。「本当は危険を感じたとき、セコムやホウキ持ったオバサンじゃなくて、頼れる彼氏が来てくれればいいんですけど」とマナミさんは笑うが、今後は「スマート（賢い）ハウス」や「スマートホーム」、すなわちＩＴを使って家庭内のエネルギー消費を制御したり、ＩｏＴの家電や家具、情報端末とつながったりする新時代の住まいの実現で、セキュリティだけでなく体の不調や心身の疲れまで、住まいが自動的に感知してくれるようになるはずだ。

たとえば17年、ＩｏＴデバイスを集結させたスマートホステルの運営などを行なうand factory（株）が、横浜市、ＮＴＴドコモと共同でスタートさせた「未来の家プロジェクト」。住まいにＩｏＴやＡＩを活用し、居住者のリラックス度合いや活動量など生活状態を可視化することで、快適な室内環境づくりを検討・推進する試みだ。こうした家そのものが居住者の健康や心理状態を察知できれば、当然ながら「いざというとき」のサポーター役にもなってくれる。そうなれば、将来不安を抱えるおひとりウーマンも、マナミさん並みにお金を投じるだろう。

だが、提供者側が忘れてはならないのは、おひとりウーマンたちの不安の根底にある、繊細な心のひだ。すなわち、彼女たちがなぜ肉親や親友ではない家電や住まい、あるいは趣味トモ（趣味の友達）や墓トモを「保険」や「お守り」と位置づけているか、そしてゆるくつながる第三者に、自分を守る「パートナー」や「サポーター」として機能して欲しいのか、その背後にあるおひとり様ならではの心境に、思いを馳せることが大切だろう。

先のマナミさんの、こんな言葉も印象的だ。

「親や地元の友達には、余計な心配をかけたくない。私も、もういい大人なんだから」

第４章

「ひとりになりたい！」

おひとりモーメントが「リメンバー消費」へと誘う

40代女性のパラサイト・シングルは90万人以上

おひとり様と聞いて、多くがまずイメージするのは、「ひとり暮らし」だろう。

だが前章でふれたとおり、いまや40、50代の独身女性でも、約6割が親と同居する「パラサイト・シングル」。ひとり暮らしより、むしろ高確率で存在する。その数、40代の未婚パラサイト（女性）だけで、90万人超もいる計算だ。

また、独身で親元を離れても「ひとり暮らし」とは限らない。その代表が「シンママ」とも呼ばれる「シングルマザー」、おもに出産後に離婚の経験をもつバツイチ、バツニ……の女性だ。母子世帯の数は現在、全国に約123・8万世帯。とくに40代女性が占める割合が4割以上と全年代のトップで、約52万人はいるとみられる。50代の割合は約8％と少ないが、それでも10万人強はいるようだ（厚生労働省「ひとり親家庭等の現状について」15年ほか）。

彼女たちの多くは、ひとり暮らしのおひとりウーマンに比べて、時間や空間が自由になりにくい。だからこそ「せめて1時間、30分だけでも、ひとりになりたい」と考える。

そして、ひとりになれる瞬間、「おひとりモーメント」のために消費するのだ。

「毎日〝こいつ〟がいてくれなかったら、ストレス発散できてないですよ」と、綺麗な顔だちをくしゃくしゃにして笑うのは、岐阜市で飲食業のマネジメントや店舗プロデュースを行なう、ユカさん(53)。中学2年と小学6年の息子がいるシングルマザーだ。〝こいつ〟と呼ぶのは、愛車の「レネゲード」(FCAジャパン〈株〉)である。

離婚したのは7年前。IT系ベンチャーに勤める夫の、DV（ドメスティック・バイオレンス）が原因だった。結婚12年目、ユカさんが30代までは2年に一度、家族揃ってハワイに行くのが恒例で、絵に描いたような幸せ家族だったという。

だが40代に入ると、夫がガラリと豹変した。おそらく、転職したストレスからだ。息子たちがちょっと騒いだだけで、ものすごい剣幕で怒鳴り散らす。運転中、助手席のユカさんが、飛び出してきた自転車に驚き「あ!」と声を上げた際も、「あ、じゃねーんだよ、おらー!」と胸ぐらをつかまれた、とのこと。

「まだ幼稚園と小学生だった息子たちは毎日怯えて、下の子は一時期、言語障害になった。このままじゃダメだと思ったんです」

もっとも当時、ユカさんは無職。夫も別居には渋々納得したが、離婚届に判は押さなかった。「食べるために仕事を」と探していたとき、友人が紹介してくれたのが、飲食店のアルバイト。本業はまったく別の建設業の会社で、いわゆる「男臭い」企業だった。

だが、ここで強みを発揮したのが、ユカさん。独身時代、京都の雑貨店で店長まで上り詰めた経験を生かし、「女性目線」で新メニューやサービスを提案した。半分以上は無視されたが、残り半分のアイデアが成果を出し、日中の女性客を2倍にも増やしたのだ。

その功績に、男尊女卑の上司も迷わず「ぜひ社員に」と声をかけてきた。もちろん二つ返事でOKしたが、社員になれば重責を負う。店舗で問題があると夜中でも呼び出され、息子たちを寝かしつけてから、クルマで駆けつける日々が続いた。

「でも不思議と夜クルマに乗ると、次の仕事の準備をしておこうとか、来週息子の運動会だから靴下買わなきゃとか、先々のいろんなことが頭に浮かぶ。夜のドライブって案外有意義なのかもって、そのとき気づいたんです」

そこで2年前、軽自動車の車検が切れるのを機に買い換えたのが、先の「レネゲード」。ジープ初のスモールSUVで、アウトドア好きのユカさんが発売前から憧れていたクルマだ。価格は300万円をゆうに超えたが、「これを買えば、仕事も子育てももっと頑張れる気がした。私を支えて奮起させてくれる『相棒』みたいな存在です」。

泣きたいときこそ「ひとり空間」のクルマへGO！

下の子が小学校高学年になった今は、会社から呼び出しがなくても週に1、2回、深夜のドライブに出かけると、ユカさん。好きなサザン（サザンオールスターズ）やスキマスイッチの音楽を聴き、漠然と考え事をしながら、名神高速道路をひた走る。それだけで頭のもやもやが晴れ、新たなビジネスアイデアも浮かぶという。

一般にも、クルマを「ひとりになれる場所」と感じている女性は多いようだ。三菱自動車工業（株）が、20～50代の主婦ら約5000人に行なった調査（13年）でも、運転の楽しみについて、「好きな音楽が聴ける」「遠くへ行ける」、そして「一人きりになれる」と答えた女性が多数。「一人で運転して出かけたくなる時は？」との問いにも、「家庭や日常を忘れたい時」「夫と喧嘩した時、会いたくない時」「ストレスを発散したい時」の上位3回答のほか、「一人で泣きたい時」「気分転換したい時」などの声も目立ったという。

今回取材したおひとりウーマン（親と同居）にも、「カッコ悪い自分を家族に見せたくないから、泣きたいときはクルマで」と答えた女性が5人いた。そう、誰かとともに住むおひとりウーマンにとって、クルマはほんの短時間でもマイルーム感覚で寛げる、大事なおひとり空間なのである。

そもそも、ユカさんのようなバブル世代はクルマ、とくに外車への憧れが強い。

彼らの青春時代、デートで男性が〝鉄板（間違いなく）〟でモテると言われたクルマの最高峰は、おそらく誰もが「そうだったな」と想起する、ポルシェとBMW。同世代の女性も、いまだにアウディやフォルクスワーゲン、ミニ、プジョー、そしてユカさんと同じジープや、メルセデス・ベンツなどに思い入れが強いようだ。

以前、『「バブル女」という日本の資産』を書いた際に取材した、カオルさん（56）もそうだった。就職直後の1989年、最初の1台として、当時大ヒットした「アルト（二代目）」（スズキ〈株〉）の限定モデル、通称「（小林）麻美スペシャル」を購入。だが00年代に入ってからずっと憧れていたのは、外車のミニ クーパー。40代に入って年収も600万円を超えたころ、「そろそろいいかな」と購入に踏み切ったという。

バブル期は、女性が「助手席の華」と言われ、免許を取っても彼氏が運転するクルマの横に鎮座するペーパードライバー女子が主流だった。それだけに、40歳を過ぎて「いまの稼ぎなら外車が買える」「今度は私が運転するんだ」と意を決するおひとり様も多い。

に合うものを選べると、相談したり選んだりする過程が楽しくなるのではないでしょうか」

ただし、繊細な色や質感を重視するからといって、クルマやディーラーにピンクやキラキラ、スイーツのように可愛い何かを求めるわけではない。

河野さんが知るおひとりウーマン（40代半ば）も、バツイチで子どもが3人いながら、「メルセデスの〝クーペ〟に乗りたい。基本は2ドアでいまの私には合わないけど、断然カッコいいから！」と話しているとか。先のユカさんも、こう言った。

「次に乗るなら、メルセデスの『G（クラス／男っぽい顔をもつSUV）』かな。いつか私も、彼（クルマ）が似合う、芯の強い女になりたい」

「リターン・パラサイト」できるのは、母親の理解あってこそ？

一方、「自宅でのびのび、ひとりになれるのは、お風呂ぐらいしかないんです」と話すのは、ショートカットで快活な印象のトモヨさん（45）。社会福祉士である。

40歳まで、8年近く付き合った男性と同棲したが、5年ほど前に実家（親元）に戻った。いわば、「リターン・パラサイト」。信頼していた男性2人の「裏切り」が理由だ。

1人目との別れは、まだ納得がいった。「一生続けられる仕事を」と資格取得に躍起だったトモヨさんに、「そんなことして、何にナンの？」とふてくされていた〝ちっちゃい（器の小さい）〟男。交際1年足らずで浮気を知り、あっさり別れた。28歳のときだ。

だが2人目との別れは、胸にズシンときた。32歳のときに派遣先で出会った、役者志望の男性。同棲を始めた直後から「君のことを大切にしたい」と、なんと3年近くプラトニックな関係が続いた。手をつないで眠るだけで幸せだったという。

ところが同棲7年目、様子がおかしいのに気づく。彼がトイレに立ったとき、つい覗き込んでしまったスマホ。画面には、「昨日、泣いちゃってごめんね」という、どう考えても女性からだと分かるショートメールが見えた。気になって画像フォルダのロックをはずすと、出るわ出るわ。浮気相手とのキスシーンなどを「自撮り」した写真ばかり。

「あまりのショックに、この世の終わりかと思うぐらい、泣いて泣いて泣きまくった」

その後、心の傷を癒すために「次の恋を」と、ある男性と関係をもった。だが3カ月後、彼はいろいろワケありで、奥さんがいることも判明。そのとき、つくづく痛感したという。

「私って、なんて男を見る目がないんだろう」……。

試しに女友達と、人気占い師の元へ。そこで言われたのは、「あなたは生来の『寂しがり』。

だからひとりになると、つまらない男性に引っ掛かる」。思わず納得したそうだ。

だから実家へ戻ったというわけでもないが、10年以上離れていた親元は、やはり「心の故郷」だった。変わったことといえば、4つ年下の弟が結婚して出て行き、自宅にはすっかり老けた両親とペットのミニチュアダックスが残ったこと、そしてお風呂とトイレがリフォームされていたことだ。

以前トモヨさんが使っていた部屋は当初、物置き代わりになっていた。でも母親は戻ってきた理由を聞かず、「しょうがないわねえ」と嬉しそうに片づけてくれたとか。

「まあ、男絡みでなにかあったな、とは分かったでしょうけど」。それでも「どうしたの?」など傷口に塩を塗ることをしないのが、トモヨさんの親世代の特徴でもある。

一般に、彼女たち母親世代（団塊）は、その上の世代に比べて、身も心も若々しい。なにしろ戦後生まれで、20歳前後になるころには、既に「an・an（アンアン）」（マガジンハウス、1970年〜）や「non-no（ノンノ）」（集英社、1971年〜）が創刊されていた世代。青春時代の67年にも、来日した人気モデル・ツイッギーのショートヘアやミニスカートに憧れ、欧米の最新鋭ファッションや文化を取り入れていたぐらいだ。

私が積水ハウスと、住まい開発のために400人の母娘を調査した際（05年）も、この世代の母親からは共通のキーワードが漏れ聞こえた。

それが「女の幸せは、結婚・出産だけではない」。

だからこそ、たとえ同居していても、独身の娘に「まだ結婚しないの？」とはめったに言わない。12年、楽天グループの（株）オーネットが、25〜44歳の未婚の子をもつ団塊世代（親）に行なった調査（「子供の結婚に関する意識調査」）でも、「孫の顔を見たいので、結婚してほしい」や「とにかく一度は、結婚してほしい」と答えた親が合計で6割超いる一方で、「一生独身でもよい」が30・0％。その取り組みも、「本人に任せる・何もしない」「（婚活などしなくても）自然の成り行きに任せればよい」がそれぞれ72・3％、48・8％もいた。

一卵性母娘の前に控える、2025年問題

トモヨさんたち「団塊ジュニア」（現41〜46歳）は、結婚まで親と暮らすパラサイト・シングルの第一世代でもある。

別名・貧乏クジ世代と呼ばれる彼女たちは、第1章などで述べたとおり、その上のバブル世代ほど社会からの恩恵を受けずに生きてきた。1993年、初の就職氷河期に当たり、

99年、労働者派遣法の改正で派遣社員になった女性も大勢いる。

だからこそ、トレンディドラマを見て「都会のお洒落なマンションで、ひとり暮らししたいなぁ」などと半ば能天気に憧れたバブル世代とは違い、現実的で身の丈にあった親元での「同居」を選ぶ女性が増えた。山田昌弘さんが著書『パラサイト・シングルの時代』（ちくま新書）を世に送り出したのも、99年秋。このとき調査したのも、おもに団塊ジュニアだったという。当時の同著の謳い文句は、まだ優雅なイメージだった。

――三十歳を過ぎても親と同居し、レジャーに買い物に、リッチな独身生活を謳歌するパラサイト・シングルたち。そんな彼らがになう未成熟社会・日本のゆくえとは？――

ところが昨今は、「パラサイト＝優雅なアラサー」のイメージが薄れつつある。理由のひとつは、その第一世代である団塊ジュニアが、既に40代半ばに差し掛かったから。

私もこれまでの取材で、何度も見聞きしてきた。60、70代の親たちが、「僕は娘の〝補《ほ》塡《てん》クン（減らされた給与を穴埋めする存在）〟だから」や、「40歳過ぎた娘も、私たちからのお小遣いがないと暮らせないのよ」と呟く姿を。

既述のとおり、貧乏クジを引いた娘を親が穴埋めしているからこそ、「貧困女子」がまださほど顕在化せずに済んでいるのである。

この問題は2025年、日本社会を揺るがす大問題になる。いま団塊ジュニアのわが子を〝支える側〟の親世代（おもに団塊）が、今度は支えられる側、75歳以上になり「介護（される）年齢」に差し掛かるからだ。

第6章で詳しく述べるが、おひとりウーマンが抱く「親の介護不安」は、元来買い物好きな彼女たちの消費意欲に今後、水を差してしまう恐れもある。その不安を軽くしてくれるものとしていま期待されるのは、国のサポートより民間の新商品やサービス。具体的には、AIを搭載したロボットや最新の住まいなどだ。

たとえば、（株）積水ハウスが実用化を目指すサービスロボット。導入にあたっては、ロボットや医療用機器等の制御システムを企画・製造するマッスル（株）が開発した「ロボヘルパーSASUKE（サスケ）」を、二社共同で改良。積水ハウスではこのロボットに人を乗せて部屋の間を移動できるような住空間を検証することで、ロボ導入住宅の規格化も視野に入れているという。

介護の現場では、以前から被介護者の移乗や移動が介助者の大きな負担になってきたが、従来はベンチャー系のサイバーダイン（株）が開発した作業支援のロボットスーツ「HAL（ハル）」など、どちらかというとプロ向けのニュアンスの機器が多かった。これに対し、先のサービスロボットは「在宅介護」を念頭に置き、あくまでも「住まいの中で」「一般の人たち」、とくに介護のおもな担い手になると見られる「女性」へのサポートを視野に入れているのが特徴だ。

「今後はロボットと人間、それぞれが得意分野を補完し合い、少しでも安全で使いやすい住まいをデザインしていきたい」と、積水ハウス・総合住宅研究所の田中眞二さん。もしサービスロボットに介護保険が適用されれば、販売店から「レンタル」の形で広く普及していく可能性もある。決して遠い未来の話ではないのだ。

2、3000円の入浴剤を「ふだん使い」する理由

また現在は、「今後、パラサイトをどうするの?」といった悲壮感までは漂っていない。団塊世代は60代半ば〜70代前半、年齢的にはまだ多くが若く元気だから。

感覚的にも、団塊世代と団塊ジュニアの親子は元来、似通っている。90年代後半、そっくりな見た目や価値観から「一卵性母娘」と呼ばれたのも、この世代の母娘。そもそも団塊世代は戦後生まれで物事の考え方が革新的だから、娘と話が合いやすい。一般には上の

世代に比べてスタイルもいいから、娘と上着ぐらいなら共有できる。

共に百貨店に行けば、いまも娘が「お母さん、共同で着ようよ」とジャケットを薦めもする。もっとも、買ったあとは8割がた娘が着ているようだが。また、娘がエステやレストランに「ママ、一緒に行こうよ。私も（お金を）半分出すから」と誘うことも多いが、当日になってよく聞くのは、「あ、ごめん。お財布忘れちゃった。今度返すね」。だが、その「今度」は半永久的に訪れない、といった具合だ。

母親たちも「してやられた」とは思うが、多くは「お金早く返してよね」と迫るまではしない。逆に、娘と共同で何かを買ったりどこかへ行ったりすると、「友達にセンスがいいって褒められる」「若返った気がする」と目を細めることも多い。

とはいえ、親子が共に暮らせば不便もある。その筆頭が、「生活時間帯」の違いだ。

弊社が2006年、初めて積水ハウスと二社共同で開発した住まい（「カーサ・フィーリア 娘と暮らす家」）は、トモヨさんと同じ団塊ジュニアの娘とその親世代（団塊）が、おもなターゲットだった。

マーケティング段階では、娘の年齢が上になるほど仕事や飲み会で帰宅時間が遅くなり、「親を起こすのでは？」との懸念から、ゆっくりお風呂に入れないと嘆く娘たちが多かった。

そこで、娘の部屋に洗面台やシャワーを設置したタイプも用意したが、今度は母親たちから「結局は、私が掃除する水回りが増えるだけ」といった不満も飛び出した。

とかく女性はわがまま、だがそこにビジネスチャンスもある。

そのひとつが、ひとり時間と関係する「入浴」。

15年に、東京ガス(株)・都市生活研究所が発表した2つの調査(「生活トレンド予測レポート2015」「現代人の入浴事情2015」)を見ても、「ひとりで入浴する時間は、自分のための貴重な時間だ」に、「(やや)当てはまる」と答えた人が約6割。入浴目的(冬)に「リラックス」を挙げた人も、約7割いた。

先のトモヨさんもそのひとり。子ども時代から使う今の部屋は6畳弱で、リビングと隣接。ドアを閉めても音が親に筒抜けで、いわゆるプライバシーは確保しづらい。天井も低く圧迫感があり、リラックスできないという。

だがリフォームしたてのお風呂は、天井が高くて広々、おまけにiPodと連動して音楽も聴ける環境だ。音楽好きの父親がこだわったという。

「私の天国。つい長居しちゃって、あっという間に1時間ほど経っちゃうんですよね」

そんな時に欠かせないのが、入浴剤。お気に入りは、イスラエル発の高級ボディケアブランド「SABON（サボン）」と、イギリス生まれの「エプソムソルト」だ。いずれも売れ筋は2、3000円と結構値が張るが「ふだん使いとはいえ、1回あたりはオジサンたちの缶ビールと同じぐらいですよ」。確かに、そう考えれば決して高くはないだろう。

近年、入浴剤市場は年間およそ390億円と順調に伸びているが（「週刊粧業」16年10月10日）、そのけん引役はミドル女性だとも言われる。10〜70代以上に聞いた別の調査でも、女性で入浴剤の使用率が最も高いのはミドル層。40代で62・3％（第2位）、50代で65・0％（第1位）と、いずれも6割を超える（インターワイヤード〈株〉「『お風呂と入浴剤』に関するアンケート」14年）。今回取材した34人のおひとりウーマンも、ほぼ全員が入浴剤のヘビーユーザーだった。

エプソムソルトも例外ではない。日本で同ブランドを直販する、アースコンシャス（株）の代表・松尾修さんによると「お客さまの7割が女性で、売上全体の8割は30代以上による購買です」とのこと。

エプソムソルトが世界で脚光を浴びたきっかけは、ハリウッド女優など美容と健康に関心の高いセレブリティが愛用していたこと。だがそれだけではない。原料に硫酸マグネシウム（海水に含まれるミネラルの一種）が含まれるため、入浴時に使用すると「塩分抜きの海

のミネラル浴を体験できる」とされるから。美肌や発汗、冷えの解消など、体へのある一定の効果が期待できるからだ。

同じような視点で女性に人気の温浴施設が、「Ｌｅ Ｆｕｒｏ（ルフロ）」。正確には、東京・西麻布で気軽に湯治《とうじ》を体感できる、「プチ湯治場」である。

体感用に用意された部屋は、サウナのイメージに近い。ただ室温は42度と暑すぎず、湿度80％に保たれた空間に10数種類の薬石が敷かれている。ここに体を横たえ、「酸性温泉ミネラルミスト」を全身から吸収。すると内臓機能が高まり、老廃物や有害物質を体から押し出す効果が期待できるという。

（株）Ｌｅ Ｆｕｒｏの代表取締役・三田直樹さんによると、西麻布店は完全会員制、鎌倉店来店者は約6割が「月会員」とのこと。全体の来店頻度は、平均すると「週3回以上」がメインだそうだから、結構なヘビーユーザーである。

私も一度取材で訪れたが、確かに内臓がぽかぽか温まり、じわじわと代謝が上がるのを実感。途中で涼みに出ると、30、40代のキャリアとおぼしき女性客が、ひとりでプチ湯治の部屋と屋上テラス（会員向け「湯治バー」）を行き来するシーンに何度も出くわした。テラスで雑談したある女性（40代未婚）は、すっきりした表情で汗を拭いながら言った。

「会社帰りにここに寄るのが、いま最高の贅沢。うちの父親は九州男児だから、いつも当然のように一番風呂でお風呂を独占する。家（親と同居）には、こんなにじっくり体や心と向き合える空間ってないんですよ」

彼女のように、親と同居するおひとりウーマンは、必ずしも自宅で寛げるとは限らない。ただ、自宅であろうと外部施設であろうと、お風呂は職場の「武装（衣）」を解いて、すっぴんの自分に戻れる空間。だからこそ心底リラックスしながら、体の調子まで整えたいと考える。とくに気にするのは、年々衰えを感じる新陳代謝や冷え性の改善なのだ。

年間2600億円のヨガ市場を支える「崖っぷち温活」

おひとりウーマンが、よく「じっくり自分の内面と向き合えるんです」と話す趣味のひとつが、ヨガ。驚くことに今回取材した34人の独身女性中、なんと29人が「ヨガ教室に、一度は通ったことがある」と答えた。

ただそのヨガも、年齢とともに「選ぶ目」が変わってきたようだ。

ある調査によると、現在ヨガ人口は、年間約770万人。月1回以上ヨガを実施する人

も約590万人いて、レッスン料やウェア代も含めた市場規模は約2600億円にのぼる。数あるヨガでも昨今、人気なのは、「ピラティス」（20・3％）と「ホットヨガ」（17・2％）〈株〉セブン＆アイ出版「日本のヨガマーケット調査2017」17年）。とくに40、50代のおひとりウーマンには、後者のように代謝を上げやすいヨガが支持されているようだ。

たとえば、某区役所で働くコトミさん（46）。3年前から出勤前に、東京・広尾の「マグマスパスタジオ　インシー」に通い始めた。

きっかけは、実の妹が喘息をこじらせ、小学生の娘と夫を連れて実家に戻ったから。いまは親が建て替えた3階建てのマンションに、両親（1階）と妹家族（3階）、そしてコトミさん（2階）の3家族で住む。

姪っ子は、可愛くて仕方がない。玩具や衣類、子ども用のメイク道具など、街で見かけて「カワイイ！」と思ったモノは、迷わず買ってあげる。いわゆる「伯母バカ」。妹にも「お姉ちゃんは、うちの娘の『ミツグ君』だね」とからかわれるが、まんざらでもない。

だが同居して半年後、妹がどんどん勢力を拡大し始めた。自分たちはマスコミ系の共働きで、娘が熱を出しても学校に迎えには行けないと主張する。両親も、年3回は海外旅行で留守。そんな時、公務員で時間の融通がききやすい（と思われている）コトミさんに、妹は「お願い〜」と甘えたＬＩＮＥのスタンプで「おねだり」をしてくるのだ。

初めに「いつでも頼っていいよ」と言ってしまったから、今さら「いい加減にして！」とも言いづらい。両親にもすっかり当てにされている。ましてや姪っ子には、やっぱり嫌われたくない。「ああ、私って優柔不断」。常にそんなモヤモヤを抱えてきた。

「でも朝の1時間、ここ（インシー）で汗をかくと、自分が溜めていた『嫌なもの』を出しちゃうからか、家族にも優しい気持ちになれるんですよね」

ちなみにマグマスパとは、インシーを運営する（株）マグマスパジャパンの代表・小泉正太さんが考案した体温上昇装置。富士山の溶岩プレートの下に約30種もの薬石を敷き詰め、これを温めて維持・管理することで、溶岩が放つ「遠赤外線効果」と薬石の持つ「鉱物ミネラル」を身体に効率よく与えられる、という。

一般的なホットヨガは汗腺から汗をかくが、インシーは〝皮脂腺から〟の汗で体温を上昇させるのが特徴だ。広尾という場所柄と「朝」の時間帯のヨガ、いわゆる「朝ヨガ」も受講できるため、私の周りのマスコミ関係者も多く通う。やはりおひとり様が多い。

ある番組でメイクを担当してくれた女性（48）も、そのひとり。「忙しそうなのによく通えますね」と感心して聞くと、「やっぱり朝通えるのが大きい。それに50歳になってからじゃ遅いので」とのこと。何かの雑誌で「50歳を過ぎたら、鍛えても体質は変わらない」と読んだ記憶があり、ならば今やらなきゃとの強迫観念に、突き動かされたそうだ。

たとえるなら、崖っぷち婚活ならぬ「崖っぷち温活（冷えを解消して体を温める活動）」。とくに40、50代のおひとりウーマンは、年齢的に基礎代謝の衰えや更年期などからも、若いとき以上に「冷え」や部分的ほてりを実感しやすい。同じヨガでも、そうした体質改善が望めるものに興味を示すのだろう。

ヨガがもたらす、精神的な効果も無視できない。小泉さんいわく、「スタジオに通い始めたころ眉間《みけん》にしわを寄せていた40、50代女性も、通ううちにだんだんやさしい表情へと変わっていくんです」とのこと。体温が上がり、体の中から不調が治ってくると、見た目も痩せたり肌が綺麗になったりする。すると少しずつ自信が湧いてきて、心にも余裕が生まれるのかもしれないと、小泉さん。まさにコトミさんがそうだ。

ちなみに、朝型ライフスタイルマガジン「朝時間.jp」を運営するアイランド（株）の調査によると、40、50代のシングル女性はもともと、既婚女性よりやや起床時間が遅いそう。

「おそらく、家族や子どものために朝食を準備するといった時間が必要ないからでしょう」

と、同代表取締役の粟飯原理咲さん。

ただ、ひとたび朝型生活に切り替えると、既婚女性が「時間を効率的に使えるようになった」と考えやすいのに対し、おひとり様は「毎日の生活に〝充実感〟を抱くようになった」と答える割合が高いとか。たとえ早起きした時間がほんのちょっとでも、その分、誰かのためでなく自分自身の趣味や仕事に充てやすいからだろう。

ラグジュアリーホテルが「心のオアシス」に

ひとり暮らしに比べると時間や空間に制約があるのが、家族と暮らすおひとりウーマン。既述のとおり、日常的にクルマやカフェ、温浴施設などを「おひとり様空間」と位置づけている女性も多いが、たまには少し贅沢して「非日常」を感じたいシーンもある。

そこで利用するのが、1泊数万円もするような、いわゆるラグジュアリーホテル。ただ最近は単に泊まるだけでなく、ホテルを上手に活用するシングル女性も増えている。

たとえば、ハルエさん（42）。ホテルの「朝食」で、スイッチングを図るひとりだ。37歳で建材メーカーを退職し、スペインに留学。38歳で日本に戻った直後、母親にガンだと聞かされた。父はすでに他界、姉は近所で夫が営む酒屋の手伝いで忙しく、息子（当時4歳）の世話さえままならない。看病は自分しかできないと悟った。

反面、「建築のプロになりたい」と親の反対を押し切って留学したのに、帰国直後に親の看病をすることになるなんて。「まったく現実味がなかった」（ハルエさん）

幸い母親の胃ガンは初期で、胃の3分の1を摘出すると順調に回復を始めた。ただ、義兄の酒屋は経営不振で廃業、姉家族は義兄の実家（九州）に移り住み、結局築30年の東京・浅草の実家に残ったのは、リハビリ中の母親とハルエさんだけ。

家のあちこちは傷み、お金を貯めてリフォームしたい気持ちもある。だが、留学や看病で仕事にブランクが空いた分、正社員としての再就職はたぶん難しい。現在は、地元の小さな不動産会社で、週4回のアルバイト生活。時折、スペイン建築関連のイベントを見つけて参加してみるが、「夢を追っていたころを思い出して、かえって辛い」とも言う。

そんな彼女が40歳のときに出会ったのが、ラグジュアリーホテルの朝食だ。

それまでハルエさんにとって、ホテルは「特別な日のご馳走のようなイメージ」だったという。学生時代の卒業パーティや友達の結婚式で数回行ったことはあり、「高嶺《たかね》の花」というほどではない。さりとてひとつ上のバブル世代のように、彼氏とデートで利用した経験まではない。懐かしさはあれど、決して「ふだん使い」の感覚はなかったという。

ところがある朝を機に、見方が変わった。

朝一番で、バイト先の社長から「大至急、この図面を建築家さんに届けて」と命じられた日のこと。「急ぎなら、バイク便を使えばいいのに」と心の中で文句を言いつつ、ヘトヘトになりながら急な坂道を上がり、目的地に着いた。届け先のマンションの一室を出ると、「椿山荘《ちんざんそう》」への道筋を示す案内看板が目に入った。

「そのとき、まるで突然、砂漠のオアシスを見つけ出したみたいに、ふと『ここに行けば、また〝息ができる〟かもしれない』って思ったんです」

時刻は、午前10時過ぎ。落ち着いたヨーロピアン調のロビー周りでは、チェックアウトを急ぐ人たちとともに、ゆったりホテル内を散策する人たちがいた。どこから来たのかと見渡した先にあったのは、イタリアンレストラン（「イル・テアトロ」）。彼らが「おいしかったね」と微笑み合う様子からすると、どうやら朝食をとった直後のようだ。

引き込まれるように足を向けたハルエさん。するとホテルスタッフが声をかけた。

「間もなく、ご朝食のラストオーダーでございます。いかがなさいますか？」

驚いて「いえ私、泊まり客じゃないんで」と首を振ると、「お泊まりのお客様以外でも、ご朝食はオーダーいただけますよ」とのこと。

そう、実はここホテル椿山荘東京をはじめ、いくつかのラグジュアリーホテルでは、泊まり客以外にも朝食を開放している。そしてそれらが近年、40、50代のシングル女性をはじめとする働く女性たちに、大いに支持されているのだ。

ちょっとしたきっかけで火がつく「リメンバー消費」

既にご存じの方もいらっしゃるかもしれないが、私は超がつくホテルフリーク。

毎週2〜3軒のホテルに泊まっていたのは2006年、近畿日本ツーリストと女性のためのホテルプランを企画していたときだ。このとき、東京、横浜に限らず、名古屋や大阪、神戸、札幌、博多と、全国で「ラグジュアリー」と呼ばれるホテルはほとんどすべて制覇《せいは》。

いまも講演やテレビ出演を口実に、おそらく年間30〜40回は日本各地のホテルに宿泊する。

よく「日経トレンディ」(日経BP社)や「週刊ダイヤモンド」(ダイヤモンド社)などのホテルランキング評者にも選んでいただくのも、そのためだ。

仕事柄、ホテル関係者に取材することも多い。近年、インバウンドの増加で東京、大阪を中心にホテルの客室稼働率は8割前後という好景気が続くが（「平成29〈2017〉年版観光白書」）、反面、ホテル各社が頭を悩ますのは「日本人女性客」の取り込み。

とくに20、30代の若い世代は、現40、50代ほどラグジュアリーホテルに馴染みがない。多くは「敷居が高い」「入りにくい」とさえ感じているから、ホテル側はさまざまな工夫を凝らし、まず一歩足を踏み入れてもらうところから考えないといけない。

ところが、ハルエさんのような現ミドル女性は違う。先のクルマ同様、彼女たちは学生時代や友人の婚礼などを通じて、昔から少なからずホテルに馴染みがある。いまの20代のように、「ナシ婚（結婚式をあげないカップル）が約5割」（〈株〉みんなのウェディング調べ　15年）という世代ではないうえ、海外文化の流れを汲むモノや空間への憧れ・敬意もあるから、そこに多少のお金を投じても「もったいない」とは考えにくい。

ハルエさんが利用した、ホテル朝食「コンチネンタル・ブレックファースト」は、サービス料を除くと1800円（税込）。コンビニやファストフードでの朝食に慣れた若い世代から見れば、これとて「安い」とは決して言えないが、ハルエさんにとっては「ホテルの空間とサービス、そして絶妙な味を堪能できて2000円程度って、お得！」だという。

そう、彼女たちはちょっとした何らかの情報やきっかけがあれば、再び「やっぱりホテルっていい!」と想起してくれる可能性がある。なにかを契機に、過去の憧れや思い出が刺激されれば、思い出が胸いっぱいに広がり、お金を使ってくれる存在なのだ。

たとえるなら、「リメンバー消費」。

ハルエさんも、あの1日のホテル朝食をきっかけに、いまや2カ月に一度のハイペースでロイヤルパークホテル ザ 汐留(汐留)や京王プラザホテル(新宿)など、都内のホテルを利用するようになった。多くは朝食かランチ利用だが、年に2回だけはスパも利用する。

頭の中では、次のような計算があるそうだ。

「私は親と同居だから、家賃が要らない。バイト生活で、海外旅行や貯金までは無理だけど、その分年に15万円分ぐらいは、ホテルで『プチ贅沢』して息抜きできる。そうすることで『ああ、今日も生きてるんだ、のびのび呼吸できるんだ』と実感できるんです」

ホテル椿山荘東京・マーケティング課の眞田あゆみさんも、「交通費や宿泊費をかけて近郊の温泉旅館に行くのもいいですが、最近はほんの一時でも都内のホテルで過ごすほうが、時間や費用、疲れ具合などを考えてお得だ、と話す女性たちをよく見かけます」とのこと。

都内に住む女性がリゾート感覚でトリートメントだけを受けに来たり、仕事で近くまで来たときにランチやアフタヌーンティーだけを味わったりして帰るなど、楽しみ方はさまざま。細切れの時間をうまく使って、ホテルで幸せな時間を過ごしているようだという。

私が知るだけでも、ちょっとした時間で心を解放しようと、同ホテルの緑や滝に囲まれたスパ（「悠 YU，THE SPA」）を利用するおひとりウーマンは、決して少なくない。

また、短い時間をうまく活用して楽しめるものに、宿泊を伴わないホテルのショートステイ（デイユース）がある。

客室メンテナンス等の関係から、実施に消極的なホテルもある一方で、デイユースプランを展開して好評を得ているのが、神戸メリケンパークオリエンタルホテル。

神戸の海に囲まれたリゾートホテルで、なんといっても「全室バルコニー付き」なのが大きな特徴だ。近年、このバルコニーを「アウトドアリビング」と名づけ、一部の客室でウッドデッキにリニューアル。利用客は13時〜18時の最大5時間、リビング感覚でバルコニー付きの部屋で過ごし、「プチ贅沢」を味わえる。

同ホテル・マーケティング部の大岩祥子さんによると、「バルコニーから神戸の景色を眺めながら本を読む、のびのびヨガをしてリラックスする、などの女性もいらっしゃいます」とのこと。とくに南側に位置するバルコニーには、フィリピンの代表的ガーデンファニチャーブランド（ケネス・コボンプエ）のガーデンソファや、タイのファブリックブランド（PASAYA）の毛足の長いラグマットを設置し、オープンエアを満喫できる空間演出に力を入れている。

兵庫のウェブ制作会社に勤めるチホさん（51）も、実家暮らし。1年前、「次のプロジェクトに向けてエネルギーチャージしたいから」と同デイユースプランを利用した帰り、思い切って最上階のバー（「ビュー バー」）のカウンター席に座ってみた。

「それまで、ホテルのバーで『おひとり様する（ひとりで飲む）』のが憧れだったのに、閉鎖的な空間だと『バーテンダーさんと何話せばいいんだろう』って、勇気がなかった」

でも同ホテルのバーは、最上階の14階。カウンター席や屋外のオープンエア席からは神戸の「1000万ドルの夜景」を望めるから、ひとりでも寂しさや居づらさを感じにくい。しかもここで、これも昔から憧れだったという「バーボン（ストレート飲み）」を初体験、その奥深さに魅了された。そしてその後、アルコールメーカーやレストランが主催する各種ウィスキー講座に、すでに7回も出席したというのだ。

おひとり様は40代で「酒に初恋」？

昨今、女性ではお酒を飲む割合が増え、男性では減ったとされる。ある調査でも、女性は30年前（１９８８年）に比べて「飲む・飲める」人の割合が約２割も増えていた（日本酒造組合中央会調べ 17年）。これも前章でふれた「男前」な消費性向だ。

では、どの年代の飲酒頻度が高いのか。20〜60代に聞いた別の調査で、「お酒を毎日飲む」女性層を見ると、50、60、40代の順に多く、それぞれ15〜20％程度。他方、20、30代女性ではそれぞれ１割前後しかいなかった。「週に１日以上（飲む）」も、ほぼ同じ傾向だ（ワイン情報サイト「Ｗｉｎｅ Ｂａｚａａｒ」〈株〉バザール調べ 16年）。

同調査は、回答者が既婚か未婚かを明らかにしていないので、実際にはホームパーティで飲む（家飲みの）40、50代主婦による回答も含まれると予測はつく。ただいずれにしても、クルマやホテルと同様、酒についても、若い世代より40、50代女性のほうが「自分に身近な存在」と受け止め、そこから広がる非日常を楽しんでいるようだ。

第３章でルンバに貢いでいた、ユリエさんもそのひとり。

１年前、親戚の婚約式で「パレスホテル東京」を利用。ふと６階にあるラウンジバー（プリヴェ）を覗き込むと、いわゆるハッピーアワー（おもに飲食店が、酒類の割引を行なう夕方の時間帯）のメニューに目が留まった。そこで1カ月後の夕方、再び訪れていろんな酒に挑戦してみた、とのこと。するとそこから、シャンパンやワイン、日本酒など、さまざまな酒の味わいに開眼、いまや同バーの常連だ。

30代のころは、仕事や恋愛、結婚（離婚）に忙しく、20代の好奇心を封印してきたという。「でもアラフィフになったいま、若いときに知りたかったお酒の知識や体験を、改めて深めてみたい」。いまの自分にとって、酒は「初恋相手のよう」だと微笑む。

今回、おひとりウーマンに人気を呼ぶ酒の講座も取材した。

日本酒メーカーの白鶴酒造（株）が、２００６年を皮切りに東京・銀座で開催する「HAKUTSURU GINZA STYLE」。日本酒を知り楽しむためのセミナーで、基本は1回完結型。いまや年間40本前後を実施。参加者の男女比は4対6で女性が多く、年代ではやはり40、50代が全体の6～7割を占めると、同営業本部の福本和美さん。

「最近はとくに、『日本酒をスタイリッシュに飲みたい』とのニーズの高まりを実感、その切り口でセミナーを開催すると、とくにお洒落な40、50代女性が集まる印象です」

中でも人気が高かったのは17年、ワイングラスの名門ブランド・リーデルグラスとのコラボで実現した「リーデルグラスで広がる日本酒の世界」。リーデル社が大吟醸《だいぎんじょう》専用に開発したグラスのほか、4種のグラスや酒器を使って、日本酒やワインにおける香りや味の違いを体験できるセミナーだ。定員は50人弱、好評だったため3回に分けて開催したが、それでも希望者があふれるほど応募が集まったという。

セミナー全体では、ひとりでの参加が圧倒的に多く、応募者の半数近くがリピーター。会場では見知らぬ同士が男女混合で座ることも多いそうだが、互いに和気あいあいと酒をつぎあい、話に華を咲かせるシーンもよく目にすると福本さん。

参加した女性たちの満足度も、非常に高いとのこと。「ひとえに、セミナーでの実体験やコミュニケーションを『贅沢な時間』『幸せな時間』ととらえ、1回の参加でも好奇心が満たされることに喜びを感じてくれるからでしょう」（福本さん）

彼女は、「いまの40、50代女性の多くは、お酒についても一通りの体験はしてきている」とも言う。だからこそ、いままでにない新たな切り口や世界が知りたいと感じ、ひとりでも臆せず参加しようとするのだろう。

日常では、なかなか新たな一歩を踏み出す機会に恵まれない。だがセミナーなど、なんらかの接触チャンスがあれば「やっぱりお酒って美味しい、奥深い」と感じてくれるのが、おひとりウーマン。大切なのは、ちょっとした「きっかけ作り」なのだ。

なぜ忙しい彼女たちがハマってしまうのか

ここまで見てきたとおり、40、50代のおひとりウーマンには、すでにバブルの恩恵や若いころからの長い体験で培った、一定の経験価値がある。

提供者は、わざわざゼロからあの手、この手で気を引かなくてもいい。「ほら、昔興味を持っていた○○が、いま装いも新たにこう変わっていますよ」など、なんらかの新情報でポンと背中を押してあげれば、「行ってみようかな」「学んでみようかな」となる。そうなれば、彼女たちのリメンバー消費に火が点《つ》くのも時間の問題だ。とくに知的好奇心を満たす体験や、ひとりの時間・空間の素晴らしさを強調すれば、価値を感じやすい。

また、男前な消費性向が強い彼女たちのお金遣いは、あれもこれもと広くアンテナを張り巡らす若い女性と違って、男性寄りの「ピンポイント型トラップ」消費。

酒なら酒、クルマならクルマなど、ひとつの物事にハマれば、同じ店やモノ、ブランドにリピートしてくれる。そしてそこ（それ）を「相棒」「隠れ家」などと呼び、ＳＮＳに進んで投稿、「また行っちゃった」「買っちゃった」など口コミするケースも多いのだ。

ただ、気をつけるべきことがある。それは彼女たちが若い世代より、忙しいこと。リメンバー消費には、当然ながらお金だけでなく「多少の時間」も必要だ。本来は、ほんの少し時間をやり繰りすれば、すぐにでも「おひとりモーメント」を楽しめるはず。でもその術を知らない、あるいは「どうせ忙しいから」と長年諦めてきたおひとり様には、「忙しくても大丈夫」とのメッセージやノウハウ（情報）を、改めて提供することが重要になる。

先のホテル朝食やショートステイ、都会の真ん中でのプチ湯治や朝ヨガ、1回完結型の日本酒セミナーも、まさにその象徴だろう。

また、提供者側が意識的に「なにかのついでなら、時間は創れますよ」といった切り口を、直接ではなく間接的に提案するのも有効だ。

好例は、大阪駅前の商業施設「グランフロント大阪」の敷地内に建つ、ラグジュアリーホテル「インターコンチネンタルホテル大阪」。同4階にある、洗練されたスパ空間「オールザットスパ　オオサカ」は最近、「仕事で責任ある立場の女性が、精神的な疲れを癒す場としてご利用なさるケースが増えています」とセラピストの田中千恵さん。

実は私も、何度か通ったことがある。施術のスキルもさることながら、スパとともにプールやフィットネスのインフォメーションが1カ所（4階）に集約され、無駄がない。あちこちウロウロする必要がないから、「非日常」から現実に引き戻されにくく、思い切り寛げる。心底、ひとり時間を満喫できるのだ。

それだけではない。同スパは、いわゆるギフト券の「スパギフトカード」を2種（60分、90分）用意。この存在が「リメンバー消費」にも、一役買っているようだ。

というのも、田中さんによると「ご本人だけでなく、職場の上司や後輩の方々がお金を出し合ってギフトカードを購入され、『○○さん（おもに女性）のために』とプレゼントなさるケースもあるようです」とのこと。

なんとも羨ましいが、なによりギフト券を用意した企画力が素晴らしい。

なぜなら券をプレゼントされれば、多忙な女性たちも「こんな私でも、スパやホテルでひとり時間を楽しんでいいんだ」と思えるから。

既述のとおり、おひとりウーマンには、一定の経験価値がある。にもかかわらず、長年、忙しさから「どうせ無理」だとして目を背けてきた消費領域も数多い。そこに再び目を向けさせるには、やはり提供者の努力も必要だ。すなわち、新たな切り口の情報を見せる、あるいは誰かから口コミで誘わせる、プレゼントの形で贈らせるなど。

本章に登場したホテルや酒、クルマ、スパ、そして第5章と最終章でご紹介する百貨店や旅も、例外ではない。「いまの40、50代女性は、もともとスパやホテルに関心が高いから」と信じて待っているだけでは、他の領域に関心を奪われてしまう。

なにしろ昔存在しなかった領域、たとえば美容でいうとネイルや歯のホワイトニング、まつ毛のエクステンション、ビタミン注射なども、すでに当たり前の消費に変わりつつある。そのうえ自分でできる「セルフ○○」や、自宅で美容法のハウツーを学べる「動画サイト」まで登場。ライバルの数は30年前の数十倍にも増えているのだ。

そんな中で2011年、旅に出るような感覚で職場を訪問、仕事を体験できる、大人向けの職業体験サービスも登場した。その名もズバリ、「仕事旅行」(仕事旅行社)だ。

実は、今回取材したおひとりウーマンからも、「遊ぶだけの旅に、お金は使えない」との厳しい声が聞かれる一方、「でも旅で、語学やスキルを磨けるなら」「仕事につながるなら」、それなら時間とお金を使ってもいい、との声が複数あがった。中には、仕事旅行そのものに興味を示し、「明日にでも行ってみたい」と話す女性までいた。

そのひとりが先にご紹介した、地元の不動産会社で働くハルエさん。

以前、仕事旅行のサイトで興味を持ったのは、「カフェ店員になる旅」。東日本大震災で被災した宮城県石巻市に震災後、有志が古民家を利用して立ち上げたカフェがある。そこで1日だけ、カフェ店員として働きながら、地元の人々と触れ合う内容だ。

ハルエさんは建築を学んだだけあって、古民家にも関心が高いが、「被災地を元気にしようと立ち上がった人々や、そこに集まるお客さんの話を聞いてみたい」。もし将来、母親が亡くなれば、地方に移住しカフェを営むという、漠然とした夢もあるそうだ。

彼女のようなミドル女性も、決して少なくない。仕事旅行社・取締役の内田靖之さんによると、利用者の中心層は25~34歳である一方で、「全体の65%が女性で、40、50代も全体の1割ほどいます」とのこと。

この1年で、仕事旅行に参加した40歳以上の女性の数は、約460人。フリーデザイナーに会いに行く、小さなお菓子屋さんを訪ねる、アロマテラピーを学ぶ、といったお洒落な内容が注目を集めやすく、最近では「北欧スタイルで働く　世界で一番幸せなデンマークに倣う働き方」と銘打った旅が、大人気だったという。

ただ具体的に「転職の参考にしたい」人は1割程度で、4割かそれ以上はハルエさんのように、もう少し漠然と「今後の働き方のヒントになれば」と考えているようだ。

「彼女たちの大半は、いまより仕事を充実させたいと思っている。でも『どうしてもこうなりたい』と確固たる何かがあるほどではなく、ふわっとした印象。将来やりたいことと今できることのギャップに、もがいているようにも見えます」と内田さん。

仕事旅行での体験を通じて、新たな環境に飛び込む女性もいるが、「これまで憧れてきたけれど、話を聞いてみて甘くないなと思った」と気づく女性もいる、とのこと。「いかに今の仕事が恵まれているか、よく分かった」との声も寄せられるという。

ただそれでも、おひとりウーマンは「参加して無駄だった」とは思わないだろう。たとえ未来の職業に直結しなくても、たった数日の旅であっても、そこで得た体験は何事にも代え難い。ふだん閉塞感漂う職場で働き、家族と同居で言いたいことも言えず、ルーティンな現実と未来の夢との狭間で揺れている彼女たち。そんな中で、新たな世界を知ることは、まるで「砂漠のオアシス」に出会ったかのような喜びでもある。

だからこそ、たとえ見果てぬ夢でも、ほんの一筋の光でも、その価値は大きい。小さな泉のわずかひと雫が、彼女たちに希望とトキメキをもたらしてくれるのだから……。

次章ではいよいよ、おひとりウーマンの運命さえも変える「アラフィフ婚」のブームと魅力、その舞台裏をご紹介しよう。

第5章

「ひとりを卒業!?」

おひとりリミットが「大人恋・婚消費」へと導く

阿川佐和子さんの「アラカン婚」に共感！

「ええっ？　いまになって結婚!?」と驚いた方も多かったろう。

２０１７年5月、エッセイストの阿川佐和子《あがわさわこ》さん（63）が「アラカン（60歳前後）婚」を発表。それまで63年間未婚を貫き、「結婚できない女」などと揶揄されもした彼女の恋愛・結婚は、ある意味でセンセーショナルな出来事だった。

「（前略）**おいしいものを『おいしいね』と言い合い、くだらないことに笑い合って、ときどき言い争いつつ、穏やかに老後を過ごしていければ幸いかと存じます**」

これは阿川さんの結婚直後のコメント。これを新聞紙上（「朝日新聞デジタル」17年5月17日）で読み、強く共感したのが、新婚のアヤノさん（53）だ。

彼女は透けるような肌が美しく、スタイルも仕草も若々しい。まるで30代後半かと見まがうほど。その彼女が2年前、51歳で婚活してようやく結婚に至ったという。

お相手は、知り合って間もない男性。初婚のアヤノさんに対し、彼はバツイチでお子さんもいる。ただ、すでに成人年齢で離れて住んでいるとのこと。３つ年上だという彼の写真を見せてもらうと、負けず劣らず若々しい。彼と付き合い始めたからなおさら、阿川さんの「くだらないことに笑い合って〜」の部分に共感できたのだろう、とアヤノさん。

「彼とは愛してるとかドキドキして眠れないとか、そんなんじゃない。ただ、私ももう53歳。これからの人生は彼と一緒に、泣いたり笑ったりしながら過ごしたい。そして最期の瞬間は、どちらかが先立つほうを看取りたいって思うんです」

なるほど、そこまでは良く理解できる。いわゆる「友達夫婦」というやつだろう。

だが、次の言葉を聞いた瞬間、私は腰が抜けるほど驚いてしまった。

それは、「そもそも私、本気で婚活するために、30年勤めた会社を辞めたから」……。

アヤノさんが長らく勤めていたのは、女子大生の多くが「ぜひ入りたい」と憧れる大企業。私も以前から彼女を知っていたが、いわゆる「バリキャリ」の典型で、失礼ながら「仕事が忙しすぎてデートする暇もないから、独身なんだろうな」と感じていた。

強《あなが》ちその憶測はズレていなかったようだが、それでも彼女のように時間のやり繰りがうまければ、わざわざ会社を辞めなくても婚活ぐらいできるはずだ。

だが彼女は、「中途半端じゃダメだと思った」と言い切る。

そこで会社の組織改編を機に、15年3月末で会社を辞職。退路を断ったうえで、翌4月に2カ所の結婚相談所に登録し、パーティやお見合いに挑んだ。1度や2度ではない。

その本気ぶりが周囲を動かしたのだろう。2カ月後の6月には、知人に「いい男性がいる」と紹介され、複数で会食することに。2週間後にLINEで「ランチでもご一緒に」と誘われ、交際が始まった。付き合ってみると、趣味（アウトドア）や笑いのツボがそっくりで、「昔から知り合いだったかと思うぐらい、一緒にいてラクだった」。

年収や条件も決して悪くなく、周りからは「バツイチとはいえ、こんな『優良物件』が残っていたって、スゴイ！」「掘り出し物だよ」とも冷やかされたとか。

そして、まだ結婚を意識していなかったある日。友人が「2人は結婚するの？」と聞いてきた。アヤノさんが「まだそんな仲じゃない」と否定しようとすると、彼のほうが先に口を開いた。「うん、時期は未定だけど、ちゃんと考えてるよ」

そこから交際が本格化。半年後、周りに祝福されお披露目のパーティを開くに至った。入籍したのは「ずっとひとり同士のままじゃ、いつか別れが来る」と思ったからだ。

一方で、彼女ほどの美貌なら、これまでも寄ってくる男性は多かったろう。聞くと、短期間付き合った男性は数人いたそうだが、「30、40代は、とにかく仕事に夢中だった」とアヤノさん。それが50歳を過ぎて会社でも管理職の立場に上り詰めたとき、突如としてこう感じたそうだ。

「私の一生、仕事だけで終わりたくない。残された20、30年の歳月を考えれば、一度は女として、別の人生（結婚生活）も生きてみたい！」

白馬もお城もない王子様に「逆告白」

既述のとおり、アヤノさんの年代は、均等法第一世代。

１９９０年代後半、ようやく女性が一生働ける職場が増え始め、20代後半〜30代女性の間で「ずっと働き続ければ、いいことが待っている」「男性のように出世できる」との期待感が広がった。いまのように「働き方改革」が唱えられることはなく、女性でも出世を願えば、残業や土日返上が当たり前。とくに若いころは自分で仕事をコントロールできる裁量も少ないから、デートは二の次、三の次、恋活や婚活も後回しだったろう。

男性には、いわゆる「子作りの期限」はない。厳密には近年の研究、たとえば男性不妊専門医である岡田弘さんの研究などで、一部の男性で35歳を境に、精子の力が落ちる可能性もあると指摘され始めた。ただ現実に、女性ほど「40歳までに」を真剣に考える男性はまだ少ない。以前、私があるビジネス誌（「ＤＩＭＥ」小学館）と調査した際も、47、48歳の独身男性から「まだ結婚は早い気がする」との声が次々と飛び出した。

対する女性は、未婚・既婚にかかわらず、おそらく9割以上が40歳までに産むか産まないかと、一度は葛藤するはずだ。なにしろ男性と違って、悔しいかな「出産のボーダーライン」が明確にあるから。とくに昨今は「妊活（妊娠のための活動）」を唱える声が増える中で、「40歳を過ぎると妊娠確率がガタッと下がる」と、あちこちで言われるからだ。

私も結婚はしたが、仕事に注力しすぎて子どもを産みそびれた。とはいえ、30代後半のころは、夫と何度「産むならいましかない」「協力してくれないの？」と言い争ったか分からない。それぐらい「産むか産まないか」は女性にとって、切実な問題。

裏を返せば、アヤノさんや私のように「産みそびれた」アラフィフ女性からすれば、少なからず「仕事のために、母になる喜びを犠牲にした」との思いがどこかにある。結婚さえ後回しにしてきたバリキャリのおひとりウーマンからすれば、なおさらだろう。

ただ、これも悔しいかな、一般に仕事は40代を過ぎるころから「なんとなくこんなものか」と分かってくる。自分の裁量も権限も増え、気持ちに多少の余裕もでき、「そろそろプライベートも充実させたい」と感じるようになる。こと出産については「ときすでに遅し」と諦める女性も多いが、結婚はいくつでも遅すぎることはない。

そこでアヤノさんのように考えるのだろう。「別の人生も生きてみたい」と。

長野県で家業（不動産業）の役員を務めていたヤヨイさん（51）も同じ。アラフィフで初婚を果たし、「いまは独身時代とまったく別の生活。毎日が新鮮」だと笑顔を見せる。

4年前、出会ったばかりの男性に〝逆告白〟、すなわち、みずから告白した。

自分からのアプローチは、人生初の試み。20代は恋愛至上主義のバブル経済のもと「それなりに遊んだ」と言うが、30代に入って地元に戻り、ほとんど交際もしなかったという。

籍を入れたお相手は、介護福祉士の男性。5年前、ヤヨイさんの父親（経営者）が病に倒れ、会社は休眠状態に追いやられた。その会社を手伝っていたヤヨイさんは、たちまち無職に。「ぬるま湯生活だったのに、いきなり冷や水を浴びせられた」と振り返る。

介護も初めてで、途方に暮れた。そんなとき、「一緒に頑張りましょう」とやさしく声をかけてくれたのが彼。周りは、「なぜ50歳にもなって、自分より年収が低い男性と結婚するの？」「財産を奪われるぞ」などと猛反対したが、彼だけが父親の事業規模ではなく、ヤヨイさん自身を「ひとりの女性」として見てくれたという。

東京のお嬢様短大を卒業。東京の商社に就職して2年間、ひとり暮らしを続けたが、ある事件を機に東京生活にピリオドを打った。それが、近所で起きた「痴漢騒ぎ」。

たまたまテレビで報道され、番組を観た長野の母親が飛んできた。「こんなところに置いておけない」と荷物をまとめられ、マンションも解約され、実家に連れ戻されたという。そこから先は、地元をほとんど出ることなく、親がお膳立てした相手と次々に見合いする日々。わざわざ東京のホテルに出向き、商社マンや金融マン、国家公務員の男性など、親が「条件」で選んだ相手と対面したが、どの男性にも惹かれなかった。

「だって結婚って、条件や家柄じゃなく、『人対人』として愛し合えてこそでしょう」

そこから二十余年が経過。親が倒れ、会社が傾き、介護を迫られて「どうしよう」と絶望の淵《ふち》に追いやられたとき、救世主として現れた王子さまが、いまの夫だ。

白馬もお城もなく、ヤヨイさんの実家に移り住んできた格好だが、抵抗はなかった。むしろ彼といるようになって、ふわっとした温かい感情が胸の奥に芽生えたという。

「正直言ってドキドキはしないけど、ふと目が合ったり、手をつないだりするだけで癒される。表情も女らしくなったみたいで、毎日鏡を見るのが楽しみなんです」

なぜひとりの結婚式「ソロウェディング」が人気なのか？

冒頭でご紹介した、阿川佐和子さんの「アラカン婚」は、現実にはまだ少ない。国の外部機関の調査を見ても、55～64歳で「初婚」の女性は年間５００人を少し超える程度だ。

ところが「アラフィフ（50歳前後・45～54歳）婚」となるとこれより10倍も多く、女性で年間約５０００人に迫る。再婚も含めるとさらに膨らみ、なんと同年代のうち２万人超。まったく馬鹿にできない数なのだ（国立社会保障・人口問題研究所「人口統計資料集２０１７年改定版」）。

本書の「はじめに」でもふれたように、80年代前半、30代女性の９割が結婚していた時代には、いずれ40、50代の独身女性が巨大な婚活マーケットを形成するなど、まったく想像もつかなかったろう。

だが今や、40代女性の４人に１人強、50代女性の４人に１人弱が独身。さらに40代未婚女性のうち４人に１人、同50代の約12％が「いつかは結婚したい」と考えている（ダイヤ高齢社会研究財団調べ　16年）。昨今、若い世代の婚活がインターネットやＳＮＳにシフトしていることもあって、結婚情報サービス業界も軒並み、この「おひとりウーマン」に注目。

リアルでの新たなサービスも続々と生まれているのだ。

たとえば、(株)結婚情報センターが運営する結婚相談所「ノッツェ」。

2015年秋、「やまとなでし婚」、すなわち幸せな家族を築く、強く賢くしなやかな「現代のやまとなでしこ」を育てるカリキュラムの一環として、女性がひとりでウェディングドレス姿の写真を撮影する、いわゆるソロウェディングを始めた。

一般に、ウェディングドレスは「相手(新郎)」があってこそ着られるもの。だがソロウェディングは、婚活する女性のひとり参加が基本だ。企画のヒントになったのは、女性客専門の京都の旅行会社、チェルカトラベル(株)が14年に売り出した、同名のサービス(現在は終了)。私も以前取材したが、ドレス選びからブーケ作り、京都での写真撮影など1泊2日のプランで、費用はなんと30万円を超えていた。それでも女性たちは、「がんばった自分へのご褒美に」「ドレスが似合う自分でいたい」などと話し、月々の給与からコツコツ貯金してまで参加。16年9月までに約150人が利用する人気プランだったのだ。

他方の「やまとなでし婚」は、婚活相談や恋愛カウンセリング、ドレス選び、ヘアメイク、写真撮影まで4人のブライダル精鋭スタッフが付き添う手厚さで3万円超と、かなりお得だ。こちらは不定期開催で、これまで6回実施されたのみだが、参加者21人のうち11

人、なんと半数以上が40、50代の女性とのこと（17年7月末現在）。おひとりウーマンにも、しっかり響いている。

「われわれの業界には、素敵な40、50代の独身女性がたくさん訪れます。皆さん、ふだんはお仕事などで『色気を出しちゃいけない』など、女性性を隠している場合が多い。もったいないと思うんです」と話すのは、ノッツェ・営業本部セミナー事業部の芦澤早苗さん。

芦澤さんはやまとなでし婚の企画を立ち上げる際、古巣であるブライダル業界の人々に意見を求めた。すると皆あっけにとられたとか。「それって、結婚情報サービスの会社がやっていいの？」と。

だが経験上、ウェディングドレスには女性を幸せにするパワーがあるとの確信があった。試しに婚活セミナーに参加した女性たちに「興味ありますか？」と声をかけてみると、結果は予想以上、「着てみたい」「やってみたい」との反応が目に見えて多かったという。

芦澤さんいわく、表向きは「結婚したい！」と話す女性たちも、どこかに「やっぱり結婚できないかもしれない」というネガティブな気持ちを抱えている、とのこと。アラフィフ婚活にトライする女性も、初めは自己肯定感が低いケースもあるが「ドレスを着ることで、女性としての『幸せの種』を育てるきっかけにしてもらえたら」と話す。

婚活男女のバスツアー「ハピネスツアー」を展開する、(株)スターツーリストの広報担当・尾尻昌弘さんも、最近は50代以上の参加者が確実に伸びており、とくに女性の申込者が先行するケースが多いという。「彼女たちの多くは積極的。みずからの人生の幅を広げるような相手との出会いを探しているのが、見てとれます」

人生の幅を広げる相手、そういえば先のアヤノさんもそんなことを話していた。婚活支援サービス・パートナーエージェントの広報担当・平田恵さんも、「50代女性が求めるのは、生涯『人対人』として向き合えるパートナー」だとみる。

「同世代の男性はというと、じっくり話せば決まって『若い子(女性)がいい』との本音も垣間見えます。ただ、根底にはやはり女性と同じ傾向、すなわち『人対人』を求める思いが強くあるのです」

ほかにも、ツヴァイをはじめとした結婚情報(紹介)サービスの登録者は、全女性会員のうち2割近くかそれ以上を45~54歳が占めると言われ、その数は「10年前の3・3倍」とも報じられている(光文社　デジタル版「女性自身」17年8月23日)。

ときに女性性を奥にしまって働き続けてきた、おひとりウーマン。20代で夫を白血病で亡くし、「30、40代は仕事に没頭することで気を紛らわせてきた」というインテリアコーディネーターのシズカさん（52）も、最近は真っ暗なひとり暮らしの家に帰った瞬間、「このままじゃいけない」と感じるようになったとか。

いい意味で、ひとりの限界、「おひとりリミット」を感じたそうだ。

「この歳になってはじめて、自分の人生についてゆっくり考えられるようになった。そろそろ婚活でも始めようかなと思ってるんです」（シズカさん）

彼女たちはいま、改めて仕事と離れ、「女として」「ひとりの人間として」のこれからの人生を見つめ直しているのだろう。

「アンチエイジング」に拒絶反応相次ぐ

恋愛や結婚を意識すれば、より綺麗になりたいと願う。それが女心。意中の相手がいれば当然、ファッションや美容にも多く消費するようになる。

たとえば、先のヤヨイさん。介護福祉士のカレ（いまの夫）と交際を始めて、化粧品とエステに月3万5000円、ダイエット目的のスポーツクラブに月2万円を、それぞれ多く消費し始めた。とくに化粧品は、「いいものがどんどん出てくるから、妥協したくない」。

50歳を過ぎたら「自分に手間ひま」をかけられる女性こそ大人、とも言う。

最近のお気に入りコスメは、2017年1月にポーラが発売した、日本初のしわ改善薬用美容液「リンクルショット メディカル セラム」と、同6月に(株)資生堂が発売した美容濃密リンクルクリーム「エリクシール シュペリエル エンリッチド リンクルクリームS」。いずれも顔の〝しわ〟を改善すると言われる「医薬部外品」(厚労省が認可)で、新発売の商品。つねにネットの口コミサイトで新情報を得て、使い比べているそうだ。

とくに後者は、資生堂が開発までに30年間を要したという画期的な商品で、発売1カ月で68万個超を出荷する大ヒット商品になった。テレビCMに樋口可南子さんや宮沢りえさんなど有名女優6人を起用したこと、また1本で1カ月ほど使用できて6000円程度と値ごろ感を打ち出したことなども評価を得たようだが、もうひとつ、ヤヨイさんをはじめ、おひとりウーマンに支持されていたことがあった。

それは、「しわから自由になると、表情はもっと自由になる」という、資生堂のキャンペーン(表情プロジェクト)のキャッチフレーズ。

同社が10~50代の全国女性に行なった調査(17年)では、「日常生活でポジティブな表情を出せていると思う」と答えた女性の割合が、年齢とともに減っていく。10代では4割を超えるが、40代では3割弱、50代で2割強。その一因に「しわを気にして」の心理があるのではと、資生堂は見る。

そもそもなぜ〝しわ〟が気になるのか。ヤヨイさんは、「自分の過去が否定されたような気がするから」とのこと。

これまでの自分の51年は、取るに足りないかもしれない。でも自分なりに頑張ってきた自負はある。それを単に「老けて見える」「しわだらけ」など、ブラック扱いして欲しくない。しわを除去したいのではなく「綺麗にしわを重ねたい」のだという。

そういえば同じことを、拙著『「バブル女」という日本の資産』の取材時に何度も聞いた。取材した40、50代女性たちは、多くが「アンチエイジング」という言葉に抵抗を示し、「アンチって嫌な言葉！」と一蹴《いっしゅう》した。自分は歳を取ることが嫌なわけじゃない、自然の流れ（加齢）にあらがいたくない。「エイジレスって言い換えてください」との抗議も飛び出した。それぐらい、「過去や加齢を否定したくない」との思いが強いのだ。

その思いは、「髪」にも表れているようである。

以前私の会社が、ある理美容業界の大手企業と40、50代女性についてインタビュー調査を行なうと、「そろそろ髪の先端が傷んでくる年齢」「でも長い髪を短く切るのは嫌」との声が相次いだ。理由は、「過去の自分にサヨナラしたくない」から。

既述のとおり、とくにバブル世代は青春時代、「ワンレン」、すなわちワンレングス（同じ長さに揃えた長髪）で周りを魅了した。「長い髪＝女の象徴」との意識も強いから、たとえ少々傷んできたと感じても髪を労ることで、ばっさり切るのを避けたい。女を捨てたような気になるからだ。

ある美容団体が15～59歳の女性に実施した調査でも、50代ほど「髪の傷みが気になるわけではないのに、髪を労る女性が多い」ことが分かる。「美容室の有料トリートメントメニューを利用するのはなぜか？」と聞かれて、「髪が傷んでいるので」と答えた50代女性は32・0％と、全年代で最も少ない。逆に「（傷みが気にならなくても）髪を傷めたくないので／現在の髪の状態を維持したいので」とヘアケアに努める50代女性が、39・0％、全年代で最も多いのだ（NBBA全国理美容製造者協会「サロンユーザー調査」12年）。

ロングヘアと「カラコンミドル」はどこまで増える？

また、花王（株）が2001年から15年にかけて、50代女性に行なった「髪の長さのトレンド調査」を見ても、「（セミ）ロングヘア志向」は顕著だ。01年段階の50代ではショートヘアが7割以上いたのに、15年には3割弱まで減少。逆にセミロングとロングヘアは01年の3％から、15年には27％となんと9倍、4人に1人以上に増えたのだ。

この理由について、女性へのインタビュー調査も並行して行なった、同生活者研究センターは、「いまどきの50代女性は、「エレガント」「ナチュラルでおしゃれ」「清潔感があって品のある女性」など、それぞれに〝ありたい自分〟の理想のイメージ像をしっかり持っている」と分析。髪の悩みには対処しながら、自分目線の目標をもっておしゃれを楽しんでいる印象をもった、と公表した（花王 生活者研究センター調べ）。

そう、肝心なのは「人からどう見られるか」より、「自分がどうありたいか」。

以前、シティリビングの協力で拙著『アラフォー独女あるある！図鑑』（扶桑社）を書いたとき、当時のアラフォー女性（おもに現40代前半～半ばの団塊ジュニア）は軒並み、「会社にはオジサンしかいないから、お化粧する気力もなくなった」「もし会社に〝福山（雅治）〟でもいれば、お洒落して行こうって気にもなるけど」と嘆いていた。同時に当時、流行語だった「オス化女子」、すなわち仕事ばかりして恋愛に縁がなく、女子なのにヒゲが生えるといった現象を指して「私も！」「もう女じゃなくなりそう」と頭を抱えていた。

失礼ながら、男性は「ＥＤ（勃起不全）」に陥ると「自己否定感」を覚えるそうだが、女性の場合はある種、それ以上。仮にひとつの現象として形に現れなくても、自分が「女じゃない」「女から遠ざかっている」と感じた時点で、「自分は落第」「女磨きをやめている」と落ち込む。男性が「非正規雇用」の立場を必要以上に負い目に感じるように、女性も「女磨き」から降りた、と感じた時点で「非正規女性」のようなイメージを抱いてしまう。

とくに40、50代になり、安穏としていては女であり続けられないと感じると、なおさらだ。逆にいえば、彼女たちおひとりウーマン世代に美容やファッションを提供する側は、「マイナス部分をゼロに近づけますよ」ではなく、あくまでも「気になる部分をプラスに変えますよ」と、ポジティブなメッセージを送り、彼女たちに「まだ正規（女性）なんだ」「私、女を諦めてないんだ」と自分を納得させることが大事なのである。

象徴的なのが、コンタクトレンズ。

ある調査によると、50代の3人に2人、40代の2人に1人が「老眼もしくは老眼予備群」だとされ、おひとりウーマンも半数以上が「老眼当事者」である（ポーラ「美容と眼に関する調査」14年）。彼女たちは「私老眼なの」とカミングアウトすることにさほど抵抗はないが、目立って嫌うのは、「ずれ落ちた老眼鏡をかけ直す自分」や「（近眼の）メガネをはずして、メニューなどを遠ざけて見る自分」。だからこそ、「遠近両用コンタクト」への関心も高い。マーケティング・アナリストの三浦展さんが2002年〜16年の「家計調査」（総務省）を5年ごとの平均値で比較したところ、明らかにミドルとシニアで「コンタクトレンズ」の購入金額が上がっていた、とのこと。

「彼女たちはお洒落へのこだわりが強いから、『メガネをかけたおばあさん』になりたくないのでしょう。カラーコンタクトを着用する『カラコンミドル』も目にします」

世相を反映して、最近は遠近両用のコンタクトレンズ市場も熱い。1枚のレンズで近くから遠くまで鮮明に見えるので、メガネを掛け換える必要もない。さらに「私老眼なの」とカミングアウトさえしなくていい。「女を捨てた」感を抱かずに済むのだ。

たとえば、ジョンソン・エンド・ジョンソン（株）（J&J）の「ワンデーアキュビューモイストマルチフォーカル」。年齢や度数で大きさが変わる「瞳孔《どうこう》」に着目し、171種類ものレンズ設計により、一人ひとり異なる瞳孔径に対応できるのが特徴だ。

また、（株）シードも遠近両用として、ソフトレンズ2タイプ（1日使い捨て・2週間交換）とハードレンズ3タイプ（度数別）を用意。（株）メニコンも2週間交換タイプのソフトレンズ「プレミオ遠近両用」、ハードレンズ「メニフォーカルZ」を揃える。

実は、国内のコンタクトレンズ市場は昨今、成長が伸び悩んでいる。16年現在の市場規模は前年比0・3%減の2147億円（〈社〉日本コンタクトレンズ協会調べ）。これを「人口減による新規使用者の減少や40‐50代を境に装用をやめるユーザーが多いことが要因」ではないか、と見る向きも多い（「ニュースイッチ」日刊工業新聞 17年7月20日ほか）。反面、J&Jの調査によると、使い捨てレンズ利用者のうち「老眼」の自覚者は約500万人。そのうち遠近両用レンズの使用者は40万人程度、10分の1にも満たないという（同記事内）。裏を返せばまだまだ伸びが期待できる、有望市場なのだ。

歯を白くして自分を変えたい

体の機能が弱れば、多少お金を投じてでもそこを補いたいと思うもの。ただ先にもふれたとおり、おひとりウーマンは「マイナスをゼロに近づける」では納得しない。「気になる部分をプラスに変える」といった、前向きなメッセージこそが重要だ。その一例を、「歯」のケースをもとにご紹介しよう。

「いま歯を矯正するために、月1回、九州（福岡）まで通ってるの」

2年前、以前からの知人・ナナエさん（49）にそう聞かされ、本当に驚いた。

彼女は接客業やタレント業など、決して「歯」を売りにする職種ではない。横浜に本社をもつ企業の、ごく一般的な事務系の管理職。仕事も相当忙しい。

にもかかわらず、友人から「いいよ」と薦められた福岡の医師のもとへと、わざわざ羽田から飛行機で通っているという。しかも、今後は現状の金歯もすべてセラミックに換える予定で、治療費だけでも100万円はゆうに超えるというのだ。

私も遺伝的に歯が弱く、人よりはお金はかけてきたほうだと思う。ただ、忙しい最中に九州まで、それも毎月通う発想はない。「なぜそこまで？」と感じずにはいられなかった。

にもかかわらず、彼女は胸を張った。「微笑むとチラッと白い歯が覗く、そんな奥ゆかしさに、女としての自信を感じるようになったのよ」

ナナエさんいわく、歯は、体型や髪の毛のように、遠目にも「あ、綺麗だな」とハッキリ見える部位ではない。でもよく近づいてみると、時々白い歯がチラッと輝く。見えにくい部分にまで気を遣っている自分を「頑張ってるな、私」と褒めてあげたいそうだ。

彼女に限らず、昨今は「歯」にこだわる女性が増えている。20～69歳に「美人に必要な条件」を聞いた調査でも、1位の「肌」、2位の「体型」に続く3位は、「歯の美しさ」だった（ネオマーケティング「女性の美しさに関する調査」13年）。

証券会社に勤めるサオリさん（44）も、「昔は美肌やダイエットにしか興味がなかった。でもいまは、歯のケアにまで気を遣える、大人の自分がいるんです」と綺麗な歯で笑う。

29歳のころ、直属の上司にセクハラを受けた。同じ部署の先輩女性に助けを求めると、「あなたにスキがあるからじゃない？」とぽつり。真面目なサオリさんは自分を責め、ストレスからか1年で7キロも太ったそうだ。

すると長年付き合った恋人に、衝撃のひと言を浴びせられた。「太った女は嫌いだ」。ショックで2カ月間寝込み、直後から「痩せてやる」と集中的にダイエット。だが無理がたたり、今度は拒食症に苦しんだ。食べては吐き、吐いては食べを繰り返したという。

30代になると、「いいな」と好意を寄せていた後輩男性に「先輩って、内面磨きがすごいですね」と揶揄された。当時は資格取得に必死で、化粧も忘れて出社する毎日。「見た目を捨てて、中身で勝負するつもり？」と指摘された気がして、傷ついた」という。

そこで通い始めたのが、東京・恵比寿にある審美《しんび》歯科だ。その名も、「ホワイトホワイト」（運営：医療法人社団マリア会）。

院長の石井さとこさんは、まだ歯のホワイトニングが一般化していない90年代半ば、「肌は美白できるのに、なぜ歯はできないんだろう」と一念発起。95年に「ホワイトホワイト」の1号店を開業した。恵比寿という土地柄、周りに芸能・モデル事務所が多く、たちまち女性の間で話題になったという。

その志向が一般女性にまで広く波及したのは、ここ数年のこと。おひとりウーマン年齢、すなわち40、50代になると、歯の黄ばみやくすみが気になり始め、「アンチエイジングの観点から、口元にこだわる女性が増えます」と石井さん。また「歯を綺麗にすることで、自分の中のなにかを変えたい」との思いも、見え隠れするという。

人気のプランは、「Only 3 Days」。光やレーザーを当てず、専用ジェルのみでホワイトニングを行なうため、沁みるような痛みを感じにくい。かつ、1週間ほど歯を休ませる「ダウンタイム」も不要。かつて、ホワイトニング治療は完了までに約1カ月を要したが、これなら3日間の集中ケアでホワイトニング効果を得られるそうだ。

石井さんいわく、「加齢とともに気になり始めた歯の黄ばみを、放っておくか治療するかで、その後の人生の豊かさが変わってくるはず」とのこと。

現にホワイトニングを試した40、50代女性は、美容だけでなく健康への意識が高まり、生きる積極性のようなものが生まれ、笑顔が輝き始めるのだという。

先のナナエさんも、歯の矯正を始めてから「ナナエさんって、控え目なのに芯が強い女性って感じがする」と、部下に褒められたという。これも「見えにくい部分」にまで気を遣うことで、「オトナな私」を実感、自分に自信を持てたからだろう。

ちなみに、「見えにくい部分」の〝究極〟を教えてくれたのは、第4章にも登場、親や妹と同居するコトミさん。1年前に「早く家を出たい」と婚活を始め、「アンダーヘアを永久脱毛しちゃったんです」と頬を赤らめる。理由は「気分がアガるから」。

さすがに突っ込んでは聞きにくかったが、おそらく「いざエッチ（性行為）をする場面になっても大丈夫」、すなわち下半身も手入れされているので「いつでもスタンバイOK」ということだろう。こうした声は、40代のシングル女性にグループインタビューを行なった際にも多々飛び出した。とくに欧米ではアンダーヘアの脱毛が一般的だから、「外国人男性と交際したのを機に、脱毛した」との声も、複数あった。

あるインターネット記事上で、「女の欲望ラボ」の代表・山本貴代さんから取材を受けた、医師・福山千代子さん（アヴェニューウィメンズクリニック）も、「いまや年代に関係なく（上の世代まで）下半身脱毛が当たり前になっている」との主旨をコメント。中には60代後半で「将来介護される自分」を意識して脱毛した女性もいると、衝撃の内容を伝えている（「プ

レジデントオンライン」プレジデント社　15年10月21日）

女性たちの「見えない部分へのお洒落願望」は、いくつでも尽きることがないようだ。

百貨店世代のおひとりウーマンも、いまや……

一方で、着にくさや履きにくさを我慢してまで「女性性」に固執しないのが、おひとりウーマンの特徴でもある。

なぜなら、目に見える形で自然の成り行きに逆らうのは、イタイ（痛々しい）、無理しすぎていると感じるから。また後述するが、加齢とともに「肌に合わない素材を着ると辛い」や「フィット感のない靴を履くと歩けない」との感覚が高まるからだ。

では彼女たち40、50代女性は、どこで洋服を買っているのか。

元来、現ミドル女性は「百貨店世代」と言われる。現50代後半の青春時代（1975年）に、学生ローンの先駆けとなったクレジットカード「丸井の赤いカード」が登場。その後、バブル世代が青春を過ごしたころは、伊勢丹や三越、西武百貨店などが隆盛を極め、2016年に「6兆円足らず」まで落ちた全国百貨店の総売上高が、91年当時は9・7兆円にも達していたのだ（日本百貨店協会調べ）。

ところが、最近の調査を見ると「百貨店好き」な世代も、決して「百貨店でしか服を買わない」のではないことが分かる。

たとえば16年、通販カタログで知られる（株）千趣会が、自社アンケートサイト（ベルメゾンデッセ）の会員（20〜60代女性）に行なった調査でも、「この1年以内にインターネットで洋服を購入したことがある」との回答が、女性の40、50代で20代とほぼ同じかむしろ上回るほど（全体で8割以上）だった。さらに、40、50代女性が「直近1年間に購入した店やネットショップ」の項目でも、上位2位は「ユニクロ」と「しまむら」が占めたのだ。

比較的廉価《れんか》な商品を売るベルメゾンのコミュニティ会員というバイアスはかかるものの、ユニクロ支持派は今回のおひとりウーマンの取材でも本当に多かった。「さすがにGU（ジーユー）を手に取ったら〝負け（低価格に傾倒しすぎ）〟だと思う」、でも「ユニクロなら全然アリ」との声も、数多くあがったのだ。高級路線の百貨店にとっては脅威だろう。

しかも、近年は「ヤフオク！」や「メルカリ」、「ｚｏｚｏｕｓｅｄ（ゾゾユーズド）」といった中古品売買やフリーマーケット関連サービス（アプリ）も続々登場。とくに「利用者約１４００万人」（17年5月現在）とも言われるメルカリは、16年3月からＰＣでも商品を購入できるサービスを開始した。これにより、スマホやアプリに馴染みのない、上の世代の取り込みにも成功。サービス開始直前と比べた17年の女性利用者は、40代で1・7倍、50代以上では2・4倍にも増えたとされる（「App Ape Lab」フラー〈株〉17年4月20日）。

百貨店ブランドも多数出品されるから、これも見逃せないライバルだ。

そんな中、いまも変わらず40、50代女性に根強い支持を得るのが、伊勢丹新宿本店。都内の派遣会社で働くナツコさん（47）は、同百貨店の2階を指して「この売場に来るだけで、女子力がアガる気がする」と目を細める。

彼女が言う「この売場」とは、同2階の靴売り場のコーナー。とくに11年に産声を上げた、三越伊勢丹オリジナルのプライベートブランド（自主企画商品）「ナンバートゥエンティワン（以下、ナンバー21）」の一角に来ると「幸せになれる」という。

もしかすると男性は、「靴ひとつで、そんなに気分が変わるの？」と不思議に思うかもしれない。だが同ブランドは、グリム童話の21番目のストーリー、「シンデレラ」をイメージして命名された。まさに「ぴったり自分に合う靴を履くことによって、女性たちに幸せになって欲しい」との願いを込めて名づけられたブランドなのだ。

中間層の価値向上で、女性を「幸せ」にした三越伊勢丹

具体的には、「足にお悩みがある女性でも履きやすい」、そして「大人かわいい」を追求した靴。おもなターゲットは、30、40代の有職女性だという。

「ここをターゲットにすると、その上（50代）と下（20代）の世代もカバーできると考えています」と、（株）三越伊勢丹・SPA事業統括部　婦人雑貨商品部の榎本亮さん。

百貨店業界の従来の商慣習では、みずからがモノ作りに携わることは珍しかった。だが、榎本さんらはあえて「こんな靴を作って欲しい」と直接、飛び込みで浅草の靴メーカーや職人に相談を持ちかけた。自分たちが望む靴を、どうしても世に送り出したかったからだ。

靴メーカーや職人は初め、「なぜ小売の人が直接ここに？」と驚き、「JIS規格外の靴を作って、もし売れ残ったら？」と難色を示したそうだ。無理もないが、榎本さんもあきらめない。「うちが責任持って、全部買い取りします」「だから少しずつ、一緒に始めてみませんか？」と粘り強く説得を繰り返した。

そして半年後の2011年3月、見事に100足のトライアルからスタート。いまやナンバー21は、年間約10万足を売り上げる大ヒットブランドに成長したのである。

榎本さんいわく、「靴は世界の8割以上の女性が、満足していない分野」だという。「日本でも06年ごろから、『甲が薄く、かかとが小さい』という足の特徴を持つ女性が多いことが分かっていました。そのうえ昨今は、30、40代女性の足型が少しずつ変化。万民に合わせようとする靴だけでは、満足していないのが明らかだったのです」

とは言え、旧来の商習慣が残る中で「規格外」を作れば、売れ残りや無駄が予想されるから、多くの企業は足踏みする。また規格外は得てして値が張り、ターゲットも限られる。ファッション感度の高い靴も、価格については同様だ。おひとりウーマンの多くは「オバサンぽい靴」、すなわちヒールが極端に低かったりデザインが洗練されていなかったりする靴は、まだ履きたくないという。女を捨てた気がするからだ。反面、ジミー チュウやクリスチャン・ルブタン、マルタン・マルジェラなど、お洒落な海外ブランドの靴は、パンプス1足が5万円以上など非常に高価で、「私には無理」と諦めてしまう女性も多い。

そこで榎本さん達が目指したのは、「カッコよさ」と「履き心地」、そして1足1万数千円という値ごろ感を併せ持つ靴。

いわく、日本のファッション市場は2009年以降、H&M（エイチアンドエム）やZARA（ザラ）などファストファッションの相次ぐ上陸で「価値崩壊」の局面を迎えた。これによって起こったのが、価格のさらなる二極化と、中間価格帯の価値低下。「かつて一億総中流社会と言われた日本は、いまだに中間層が強い。この部分の価値をどう上げていくかが、大きな課題でした」

ただ、言うは易《やす》く行なうは難《かた》し。伊勢丹新宿本店がこれを実現できたのは、ひとえに売場（お買い場）に50人以上にのぼるシューカウンセラーがいるからにほかならない。

当初ナンバー21の靴は、約2500人の足形計測データを使って開発したそうだが、顧客ニーズは日々変化する。その後もシューカウンセラーが顧客の悩みに寄り添うことで、最新のニーズをつかめる。商業的に無駄なく「売れる靴」を作り続けられるわけだ。

現代のおひとりウーマンについても、榎本さんは「とても重要なマーケット。われわれは、彼女たちが持つ様々な価値観を吸収して、モノだけでなくサービスでも付加価値を提供しなければなりません」と話す。

すなわち、「お客さまの悩み相談や解決＝ソリューション」こそが大切とのこと。

ナンバー21の成功を受け、三越伊勢丹ではこうしたスキームを今後は別の分野にも落とし込み、オリジナルの衣料品提案もしていきたいと意欲を見せる。

なるほど、こうした「お客さまに寄り添う」「悩みを解決する」との考えこそが、先のナツコさんらおひとりウーマンに、「このブランドは、女の気持ちを分かってくれる」「悩みを解決してくれる」と感じさせる所以だ。ナツコさんの「この売場に来ると幸せになれる」との思いも、ひとえに「モノだけでなくソリューションを売る」姿勢にあるのだろう。

更年期・オトナ思春期も巨大マーケット

ハイヒールには「46歳の壁」という言葉があるらしい。すなわち、女性は46歳になると「ハイヒールを履くのが怖くなる」という現象だ。

日本経済新聞電子版（２０１４年11月13日）によると、この現象に気づいたオーダーシューズ（婦人靴）販売の「Ｋ・ｉＢＥＲＡ（キビラ）」創業者・福谷智之さんは、自社のデータから「ハイヒールを履く女性が、46歳から急に減り始める」ことに着目。

背景を調べた結果、女性は40代半ばごろから、足のアーチを支える筋力が衰え、ハイヒールを履くと前すべりしてつま先が痛み、やがて「ローヒールのほうがラク」となることが分かった。その結果、いざハイヒールを履こうとなっても尻込みするというのだ。

確かに同世代として納得できるが、なぜ彼は「40代半ば以降の女性」に注目したのか。

それは福谷さんが、「『オトナ思春期』をデザインするプロジェクト」（通称：オトハルプロジェクト／以下、オトハル）の活動に共感したからだと、先の記事にはある。

同プロジェクトは、かつてベネッセコーポレーションの妊娠・出産雑誌「たまごクラブ」などを創刊プロデュースした三好洋子さんらが立ち上げた、社団法人。産官学を巻き込み、「更年期以降の世代がより快適に過ごせる、新たな価値観を生み出したい」との願いから生まれた。

オトハルの元になった「オトナ思春期（第二の思春期の意味）」という言葉を生み出したのは、下着メーカーのグンゼ（株）。ご存知の方も多いだろう。

２０１２年、同社は更年期を「オトナ思春期」と呼び、08年から存在した同世代向けのインナーウエアブランド「キレイラボ」をリニューアル発売。更年期特有の〝肌〟の変化に着目し、素材や縫製にもひと工夫した。具体的には、肌に刺激を与えにくい綿１００％素材を身頃部に使う、縫い目のない完全無縫製にするなど。ブラジャー（以下、ブラ）はワイヤーをなくし、脇や肩を細い紐《ひも》で締め付けず面で支えるようにした。おひとりウーマンが若いころ着用していた「見た目」重視の下着から、「心地よさ」へのシフトを狙ったのだ。

そこに込められていたのは、グンゼのインナーウエア事業部、後藤直子さんの思い。

実は後藤さんと先のオトハル代表の三好さんは、ほぼ世代を同じくする友人同士。私も以前、2人からご連絡をいただいたことがある。あいにく私がお会いできない時期で、弊社スタッフが代わりに行ってくれたが、「とにかくパワフルな方々で、『更年期を明るくしたい!』との思いが強かった」と、圧倒されて帰ってきた。

そもそも後藤さんが「オトナ思春期（更年期）」の女性をターゲットにしようと考えたのは、以前40代女性から寄せられたクレームによって、「40代女性は更年期を背景に肌が変化し、感受性が強くなる」という事実を突き止めたから。しかも、みずからも同世代、更年期症状を経験したこともあり、「なんとかしたい」との思いを強くしたという。

また、後藤さんや三好さんがターゲットと考える45〜59歳の更年期女性は、巨大なマーケットでもある。17年の人口推計（総務省）によると、同年齢の女性はいまや1240万人を超え、日本の全人口の約1割にも達した。しかも20代のころから、下着を含めたファッションにお金を投じてきた女性たちで、良質なものに価値を認めやすい。

ランジェリー業界にとっても、実に「おいしいマーケット」なのである。

さらにもうひとつ、同世代の市場が以前と大きく変わったのは「働く女性」が増えたことだ。厚労省の統計（「平成28〈2016〉年版働く女性の実情」）によると、既に45～59歳女性の約76％が、パートを含めてなんらかの仕事を持って働いている。外に出て働けば、専業主婦のころより（一般には）活動範囲が広がるから、物の選び方も変わるだろう。

下着メーカーの（株）ワコールも、昨今の女性の変化に着目している。

長年、「ワコール人間科学研究所」などで女性の体型データや体に関する悩みを蓄積し、繊細な商品開発を続けてきた同社。16年に行なったアンケート調査では、40、50代も含めた女性がブラジャーを購入する際、5年前より「付け心地・肌触り」を重視していることが分かった、と同広報宣伝部の白鳥貴子さん。

「下着に求める要素も、ラクである、安定している、といった動きやすさとともに、『シルエットが綺麗』であるといった造形性を重視する様子が、見てとれました」。この辺りも、職場で人前に出て、より活発に動く女性が増えた影響かもしれない。

また、今回のおひとりウーマンへの取材でも、「40代に入って、カチッとしたブラの締めつけが辛くなってきた」との声がある一方で、「シニア向けのラクすぎるブラは、女を捨てた感が満載」「まだ〝そっち（シニア寄り）〟には行きたくない」との声が複数出た。

やはり彼女たちは、わがままだ。先の伊勢丹新宿本店の靴（ナンバー21）でも聞かれた、機能性（ラクで安定している）とデザイン性（シルエットが綺麗、など）の両立を求める声。この両立は頭で考える以上に難しいが、大手小売やメーカーがもつ最新のデータや技術を駆使すれば、決して実現も不可能ではなくなった。

ワコールも、ブラにワイヤーを使う代わりに、ハード樹脂をソフト樹脂でサンドした「3D同化フレーム」という独自の素材（技術）を採用。このことによって16年、バストメイク（女らしい胸元づくり）の機能とファッション性は残しつつも、自然なフィット感と心地よさを追求した新商品、〝新・解放系〟ブラジャー「SUHADA（スハダ）」を世に送り出すことに成功。同3月の発売からおよそ1年の間に、売上枚数約40万枚を記録するヒット商品に育てあげたのである。

同ブランドの〝新・解放系〟の言葉には、「ミドル女性たちの『より自分らしく』『より解放的に』という生き方そのものも反映されています」と白鳥さん。

ほかに、同社の40代向けのお洒落な下着ブランドとして「LASEE（ラゼ）」があるが、こちらのコンセプトも「ここちよく、美しく」。40代の体型変化を考慮したモノづくりの視点から、ストラップに幅広のものを採用する、背中や脇のバック部分が段にならないような始末にするなど、同世代の多岐に渡るニーズに対応できるようにした。

ラゼの開発担当者いわく、「この世代は、加齢による体重や体型変化を自覚しているため、他人からどう見られているかも含めた『美』に対する意識が非常に高い」とのこと。

また40代女性は、体の変化や下着サイズの不一致を感じやすいからこそ、そして女性の社会進出などから装着シーンが変わっていくからこそ、「買い替え」も起こりやすい。

「ゆえに、『整える美』（機能）と、自分を高揚させるための『飾る美』の双方を取り入れながら、デザイン開発をしています」と、ワコールのラゼ開発担当者は言う。

女性活躍推進で7兆円の経済効果!?

数年前から、美容・ファッション業界を中心に「マチュア世代を狙え！」などとよく言われるようになった。マチュアは「成熟した大人の～」といった意味で、明確な定義はないが40代半ば～50代、広くは60代も含めた女性を指して呼ぶことが多いようだ。

この言葉の流布からも分かるとおり、すでに「40、50代女性＝巨大なマーケット」であることに気づいている企業は、数多く存在する。

そのひとつが、老舗《しにせ》百貨店の髙島屋。ここ数年、責任ある立場の女性が増え、今後も広く女性の就業人口が増えるだろう点に着目して２０１７年9月、スーツやスタイリングを１カ所の売場で比較購買できる編集タイプの売場をオープンした。その名も「スーツクローゼット」。新宿と横浜の2店舗で展開、自分だけのオリジナルをつくる「オーダーメイド」に対応する点も話題だ（日本経済新聞電子版　17年9月11日）。

また、下着メーカーのトリンプ・インターナショナル・ジャパン（株）は16年10月、40代後半～50代向けブランド「フロラーレ・バイ・トリンプ」から、インナー業界で初めて「化粧品」として販売できる肌着（化粧品インナー）を発売。健康な肌に近い弱酸性の化粧品成分を配合した素材を活用することで、「若いころと比べて肌の乾燥が気になる」などとする45～54歳女性の肌の悩みに応えるという（「繊研新聞」公式サイト　16年9月28日）。今回取材したおひとりウーマンにも、愛用者が複数いた。

先のワコールの例にあったとおり、働く女性が増えれば「動き」や消費行動も変わる。昨今は、16年施行の「女性活躍推進法」をはじめ、国をあげて女性活躍が叫ばれる時代。その根底には、人口減少による人手不足があるのだが、女性の側も、いったん出産や介護で離職して「再度働きたい」と希望するケースが少なくない。

内閣府の「男女共同参画会議」の調査資料を見ても、12年現在、働く意欲がありながら、出産や介護で一時離職するなどして就業していない女性が、全国に約342万人もいる。彼女たちが働きに出れば、近い将来、雇用者報酬の総額は7兆円程度増え、GDP（国内総生産）を約1・5％押し上げる効果があるだろう、とのこと。

既婚女性の場合は、それが貯蓄や住宅ローンの返済、子どもの教育費などに回るケースも多かろう。だが多くに子どもがいない「おひとりウーマン」は、あえて自分の美へのこだわりに投資したり、「見えにくい部分」に手間をかけたりする。また、すでに働いていても責任ある立場に昇格すれば、改めてスーツや靴を新調するはずだし、美容や健康にも従来以上にお金を使う。稼ぎのうち数％は、プラスαの消費に回るはずなのだ。

反面、社会や企業が気をつけねばならない「盲点」もある。

たとえば、時間だ。ここ数年の「時短」ブームや第2章の「時コン」に象徴されるとおり、仕事でも一定のポジションを任されるおひとりウーマンたちには、若い世代以上に時間がない。このことが、洋服についても〝意外な足かせ〟を生んでいるケースがある。

それが「クリーニング」。第2章にも登場した、パナソニックAP社・グローバルマーケティングプランニングセンターの大倉さんたちが幅広い年代の女性に調査したところ、なんと85％以上の女性が「（お手入れが面倒で）好きな服を諦める」と答えていた。具体的には、色が薄い、シワがつきやすい、素材が繊細であるなど、傷みやすく自宅で洗うのが難しそうな洋服は、クリーニングに出す必要性が生じる。独身女性ほど、それをストレスだと強く感じていたというのだ。

その傾向を踏まえて同社が開発を進めるのが、デリケートな衣類をクリーニングに出すことなく自宅で洗える、トータル衣類ケアシステム（家電）「ＭｏｎＳｔｙｌｅ（モンスティール）」。19年の商品化を目指す試作品では、本体の内部に1着だけ服を吊るし、そのまま洗浄から乾燥まで行なえる。クリーニングに出さなければいけない上質な衣類も、専用洗剤を溶かしたシャワーを噴霧することで〝プレミアムに〟洗浄・ケアできる仕組みだ。

開発のきっかけは、「女性が服を購入する目的はなにか」「洗濯機に求められるものはなにか」を探ったことだったと大倉さん。すると、独身女性が「自分を（気分も含めて）ワンランク上げるため」に、少々高価な服にも手を伸ばすことが分かったという。

ちなみにモンスティールは、フランス語で「私らしく」。大倉さんは、「私自身も、私らしくありたい。皆さんにも面倒な衣類ケアを理由に、着たい服を諦めて欲しくないんです」。

まだ「女」を降りたくない！

そしてもうひとつ、とくに美容や健康関連の消費を促すうえで、ぜひ耳を傾けて欲しいのは、おひとりウーマンたちが奥底にしまっている「心の声」である。

本章でも見てきたとおり、彼女たちは既婚者に比べ、「女であること」に対するこだわりが強い。多少語弊はあるが、「自分は女性性のメリットを、結婚や出産に生かせてこなかった」との思いがあるから。そして均等法第一世代（現40代後半〜50代前半）の女性たちを中心に、「自分は女より〝仕事〟を優先させてきた」との自負があるからだ。

彼女たちは、いつも心のどこかで叫んでいる。「まだ『女』を降りたくない」「ずっと『女領域』から外れたくない」……。

ただ、年齢的にはそろそろ「女としての自分（生理）」に別れを告げねばならない。それも自分の意思とは関係なく突然、体から一方的に「三行半《みくだりはん》」を突きつけられるのだ。私もその日が刻一刻と迫っているから、その悔しさや葛藤は想像がつく。そのうえイライラや不眠、生理不順、ホットフラッシュといった体の不調も「セット」で到来するのだ。

今回の取材でも、更年期の切実な悩みを口にするおひとりウーマンは多かった。

「生理が49歳で止まってしまったが、友人には『まだあるよ』と言っている。機嫌が悪いときも、『ごめんね、生理中だから』と見栄を張ってしまう自分が悲しい」（52歳）

「45歳を過ぎて突然、生理が重くなった。先輩に聞くと、フィナーレ的な『終わる前の打ち上げ花火』らしい。辛くて『生理休暇を取りたい』と言ったら、上司に『いまさら？』って顔で驚かれた。女のステージを降りる寂しさが、男に分かるの!?」（46歳）

そして、「はじめに」でもご紹介した次の声だ。

「（生理がなくなるのは）自分の意志が体に届したようで、すごく悔しい。これまで、仕事も恋愛も『誰にも負けない』って頑張って来たのに」（49歳）

先ほど、伊勢丹新宿本店の「ナンバー21」を成功に導いた榎本さんは、「お客さまの悩みに寄り添う」こと、そしてそれを「解決に導く」ことこそが大切だと述べていた。また、ワコールやグンゼ、パナソニックでおひとりウーマンを見つめ続けてきた女性たちは、それぞれ40、50代おひとり様の「自分らしさ」や「感受性」「お洒落や美しさへのこだわり」を大切にしたい、と熱っぽく話していた。

そう、こうした担当者の「熱い思い」こそが、おひとりウーマンの心を動かす。

「自分を分かってくれる」「この人（企業）なら信頼できる」と感じるからこそ、自分も背を向けたい「女性性との別れ」に正面から向き合い、〝その日（タイムリミット）〟まで、あるいはそこを越えても、女としての喜びに向かって、消費し続けたいと願うのだ。

彼女たちの心の痛みやひだを、本質から理解し、寄り添い、そしてその解決策をソリューションとして提示できる企業こそ、おひとりウーマンの市場で勝者と成り得るだろう。

第6章

日本の未来は「独身ファースト」が創る！

おひとりウーマンの「不安と希望」を左右するもの

第3次おひとり様ブームから「おひとりウーマン」の時代へ

ここまでお読みいただいて、皆さんの「おひとりウーマン（40、50代シングル女性）」に対するイメージは、変わっただろうか。それとも「予想通り」だったろうか。

私が拙著『男が知らない「おひとりさまマーケット」』を書いた2004年当時、世間でよく言われたシングル女性像は「仕事に励むバリキャリ」で、「ある程度の貯えを持っている女性」だった。第1章で書いたとおり、酒井順子さんが03年発売の著書『負け犬の遠吠え』で描いた「負け犬」や、米国ドラマ「セックス・アンド・ザ・シティ」の主役・キャリー（サラ・ジェシカ・パーカー）のような「デキる都会派の女性」を想像する人も、本当に多かった。

だが時代は変わった。おひとり様が当たり前になる中、独身女性の実像やイメージも、さまざまな方面へと多様化したのだ。たとえば、第3章でふれたように、現40、50代にはバリキャリやプチ富裕層がいる一方で、「準貧困」や「貧困予備軍」の女性も歴然と存在する。また、同じおひとり様でも、同一人物がリーマンショックや東日本大震災を経て、消費の価値観や人生観を地味な方向にシフトしたケースも多々見受けられる。

今回の取材でも、「若いころはマイルを貯めて、年に何回もブロードウェイにお芝居を観に行っていた」という女性が、「いまは節約しなきゃいけないから、近所の町歩きを趣味にしている」と答えたり、「震災後はシンプルライフを目指しているので、モノでなく〝カフェで過ごす時間〟を買うようになった」と話したり、といった具合。

一部の独身女性は、以前のラグジュアリーなイメージから、昨今よく言われる「ソロ活」に代表されるような、よりカジュアルなおひとり様活動へと意識を変えたのだ。

15年、私は日本経済新聞電子版の取材に「10年以降は、おひとり様の第3次ブームが到来した」と答えた（2015年9月10日）。第2次ブームまでとの大きな違いは、スマホとSNSの普及だ。この両者が、おひとり様のカジュアル化を促進したと言えよう。

いまや、スマホで「渋谷　ひとり　カラオケ」と入力すれば、渋谷界隈でひとりカラオケを楽しめる店を、瞬時に探すことができる。また行った先でも、「ぼっちでカラオケ楽しんじゃってる私」や「ひとり立ち飲みデビューの巻～」などとSNSで呟けば、アッという間に「いいッスね」「私もやりたい」などと共感してもらえる。

ちょっとした時間に誰かとゆるくつながれるから、より気軽に、身近な場所でおひとり様を楽しみ、その感動や感想を誰かと共有できるようになったのだ。

では、今後増え続けるおひとりウーマンに、いま以上に必要とされるものとは何なのか。ここから先は、企業だけでなく地域や社会、そして日本という国が、彼女たちに何ができるのか、あるいはどんなビジネスチャンスを得られるのか、について考察する。

(1) より身近でカジュアルな「おひとりスポット」

いまや若い世代(20、30代)の独身女性でも、約9割が「おひとり様を楽しんだことがある」と答える時代(オウチーノ総研調べ 14年)。

また、(株)博報堂の研究所による調査では、子育て終了後の妻(40～60代)の4割以上が「これからは自分の時間を楽しみたい」と答え、3割弱が「自分ひとりの時間を楽しみたい」と考えている。そう、「おひとりスポット」は独身女性にはもちろん、既婚女性にとっても、日常的に「ひとり時間」を楽しめる貴重な空間なのだ。

そんな中、年々進化を続けているのが、「銭湯」と「図書館」であろう。

●変わりゆく銭湯

第4章でもご紹介したが、おひとりウーマンが仕事での武装を脱いで、すっぴんの自分に戻れる場所と言えば、お風呂。今回の取材でも趣味と実益、すなわち散歩（町歩き）と入浴を兼ねて「銭湯めぐり」を楽しんでいると話す女性が、34人中7人いた。

「2002年度に1166軒あった都内の銭湯も、直近（17年3月）では582軒と半数近くまで減りました」と話すのは、東京都浴場組合・副理事長の石田眞さん。経営者の高齢化による廃業も、残念ながら少なくないという。

一方で、生き残りをかけて独自のサービスを展開する銭湯も増えているそうだ。たとえば、東京・立川市内の「立川湯屋敷　梅の湯」や、荒川区内の「日暮里《にっぽり》　斉藤湯」。前者は、マンガ喫茶のごとくコミックが約1万冊並び「スーパーマニアック銭湯」の異名を持つが、近年は女性の取り込みも意識、毎週水曜日を「レディースデイ」としてサウナや岩盤浴を低価格で楽しめるようにした。また後者は、定休日を利用して「女性限定」のイベント風呂を開催。露天風呂にバラを浮かべ、癒しを感じるキャンドルの明かりが堪能できるほか、フェイシャルエステやフットマッサージも受けられる（別料金）。

昨今増えているスーパー銭湯は1日じゅういられるレジャー施設だが、「銭湯はわずか460円（東京都の場合）で入れて、1、2時間で幸せを得られる場所。働く女性にも、平日最後の『リセットタイム』として、気軽に利用してほしい」と同常務理事・佐伯雅斗さん。同事業課長・上地丈一さんも、「女性の場合は『化粧落としや化粧直し』がひとつのハードルだろうが、単に体を洗って湯船に浸かるだけで癒されるといった『気分転換』の利用を訴求できれば」と話す。

組合として、新たな試みも次々と行なう。そのひとつが07年に始めた「銭湯お遍路」。加盟する銭湯にお遍路用スタンプを設置し、入浴のたび専用ノートに押印。その個数によって認定証やピンバッヂ、手ぬぐいなどが貰える。過去には、なんと「88軒×10冊＝880浴場」を制覇した女性もいた、とのこと。参加者は着実に増えている状況で、佐伯さんらは「今後はさらにこうした試みをブラッシュアップしていきたい」と言う。

取材で「銭湯巡りが好き」と話した、看護師のリサさん（53）は、同組合が15年に始めた「銭湯サポーター」（フェイスブック）のコミュニティをフォローするひとり。銭湯のレトロな造りやカジュアルな雰囲気、何より「銭湯の中でも外（SNS等）でも、見ず知らずの人と知り合えるのが楽しい」と話す。

考えてみれば、銭湯は江戸時代から続く日本の文化だ。ある調査でも、いまだに20〜60代の約1割が「お風呂が広い」「お風呂の種類が多い」、そして「知り合いとしゃべれるのが楽しい」などの理由から、銭湯を利用している（Qzoo〈キューズー〉調べ　14年）。下町や地方の銭湯に行くと、シニアのご近所さん同士が「どうも」と挨拶し合う風景をよく目にするが、おひとりウーマンが10、20年後に求める「ゆるつながり」の絆を強固にするためにも、銭湯は今後、重要なおひとりスポットになり得るのではないか。

●図書館のご当地化、複合化

他方、日中のカジュアルなおひとり様空間と言えば「図書館」。昨今は複合型の図書館も増え、おひとりウーマンも以前より利用するケースが増えているようだ。

２０１７年７月現在、全国には約３２００館もの公立図書館がある。このうち、民間事業者が運営を担うのはおよそ２割に当たる約６５０館。13年、佐賀県に誕生した「武雄《たけお》市図書館」はカルチュア・コンビニエンス・クラブ（株）（ＴＳＵＴＡＹＡの事業持株会社）の運営で話題を集めたが、他にも新時代の図書館運営や企画提案に尽力する企業がある。

そのひとつが、図書館流通センター。本業は、図書館向けの検索データや書籍販売だが、１９９６年から図書館の一部業務委託をスタートした。05年からは運営業務も開始、今では全国の15％強に当たる５１０館の運営・委託を行なう。

「最近は、働く女性も含めた新たな利用者層を呼び込みたいという図書館が多く、民間ならではの提案が求められる機会も増えました」と、同広報部の尾園清香さん。

私も過去の提案を聞いて、「なるほど」と感心させられた。たとえば、音や香りの演出だ。「音」の工夫は、利用者同士による音のトラブルを解消したいとの思いから始まった。空間に自然な音を流すことで、多少の音は気にならなくなるのでは、との心理的効果を狙ったと尾園さん。他方の「香り」は建物が古い図書館など、下水や老朽化で臭いが気になる空間をアロマでリフレッシュしようといった配慮から生まれたと言う。

「音も香りも、一定の演出で苦情は減る傾向にあります。最近では、茨城県水戸市の図書館が偕楽園《かいらくえん》の『梅』をイメージした香りを匂わせるなど、ご当地の香りを調合するところも増えてきました」（尾園さん）

13年から導入を始めた「書籍消毒機」（本を開いて紫外線を照射し、消毒する機器）も、本についた煙草の臭いや、親の介護中で感染症が気になる女性らを中心に好評とのこと。

他にも、アナログレコード約2万枚を取り扱う「小石川図書館」（東京都文京区）や、大型ショッピング施設「イオンモールつがる柏」内に、カフェ併設の形で開業した「つがる市立図書館」（青森県つがる市）、駅前タワーマンションを併設した大型複合施設内に登場した「あかし市民図書館」（兵庫県明石市）など、いわゆる複合型や地域と密着する滞在型の図書館が、全国各地で評判を得ている。

17年以降、政府は「働き方改革」の一環で、テレワークを推進するようになった。20年の東京オリンピックまでを目処《めど》に、「インターネットなどの情報通信技術を活用して、会社以外の自宅やその近所など、場所や時間にとらわれない柔軟な働き方の浸透を目指そう」というもの。これによって日中、ひとりで学べ、集中できる滞在空間が、いま以上に働く男女にも必要とされるだろう。

民営化が進む図書館を「奇をてらい過ぎ」と見る向きもあるが、自治体との密接な連携を忘れなければ、有望なコミュニティスポットとなり得る。今後地域の図書館が、日常的なスイッチング空間としても、おひとりウーマンの安らぎに貢献することを願いたい。同時に、進化する図書館を見れば、女性が求めるおもてなしの極意が見えてくるはずだ。

(2) 将来不安の解消につながる「ひとり旅」

実はここ数年、インバウンドによる訪日観光旅行が堅調に増え続ける一方で、日本人自身の国内旅行は減少の一途を辿る。

2017年公開の『じゃらん宿泊旅行調査2017』（〈株〉リクルートライフスタイル）を

見ても、16年度に宿泊を伴う旅行に出掛けた日本人の割合（宿泊旅行実施率）は、前年度より1・6％減の54・8％と、調査開始（04年度）以来、過去最低を記録した。ちなみに開始当時は、今より10％以上多い65・4％だった。

国内旅行減少の理由として、よく言われるのは、レジャーの多様化や節約志向。だが、そんな中でも確実に数字を伸ばしているのが、「ひとり旅」だ。

●「介護離旅《りたび》」をどう防ぐか？

先のじゃらんの調査でも、2004年度、まさに私が拙著『男が知らない「おひとりさま」マーケット』を書いた年の女性ひとり旅は、20～34歳で実施率がわずか7・2％、35～49歳ではさらに少なく、同5・8％しかなかった。

ところが12年後の16年度には、いずれも2倍近く増えて12・6％、11・3％にまで伸張。いまや旅行会社やホテルはもちろん、かつて女性ひとり客を毛嫌いしていた旅館も含めて、旅行市場全体が「おひとり様ウェルカム」だ。早くから女性限定のひとり旅を実施していたクラブツーリズム（株）や、女子旅のカテゴリーでひとり旅を重視する（株）日本旅行はもちろん、夜行バスの「アミー号」（アミイファクト〈株〉）や、ピンクの高速バス「ＷＩ

LLER　EXPRESS」を走らせるウィラーグループなどが、女性ひとり客でも２人分のシートを使えるダブルシートのプランを展開し、「バス旅なのに優雅」などと女性に人気を呼んでいる。

だが近年、「実はもうひとつ、気になることがある」とリクルートライフスタイル・じゃらんリサーチセンター長の沢登次彦さん。

今後、おひとりウーマンの多くが差し掛かる「50〜79歳」の年代だけは、12年間で、ひとり旅の伸びがわずか２％強（８・９％→11・４％）。ひとり旅に限らず旅全体を見ても、この年代の女性たちは12年の間に、なんと宿泊旅行実施率を、14％以上減らしてしまった（70・３％→55・６％）というのだ。

沢登さんいわく、「日本の国内旅行は現在、53％をこの年代が支えている」とのこと。にもかかわらず、５年後、10年後のおひとりウーマンが「旅」に消極的になれば、旅行業界全体にとって大打撃となり得る。なぜ、現50〜79歳で旅に出る女性が減ったのか？

沢登さんたちはその原因を探るべく、同年代にグループインタビューを行なった。すると「共働きの増加」以外にも、大きなキーワードが２つ、浮上したという。

ひとつは、「将来不安」。すなわち、「自分もこれからどんどん歳をとる」という年齢的な不安や、経済背景（リーマンショック以後の不安定な経済など）から来る不安。そしてもうひとつは「親の介護」だったという。

実は日本の女性の場合、親が老人ホームなど外部施設に入る前の時期に、最も旅行が減ると言われている。親を自宅で介護している最中は、なかなか外に出られない。いまだに日本は「介護の担い手は女性」との意識が強いし、うっかり目を離して事故が起きれば、それこそ取り返しがつかないから。

だからこそ、介護離職ならぬ「介護離旅《りたび》」が起こってしまうのだろう。

マーケティング・アナリストの三浦展さんも、「バブル世代の女性が今後、消費行動にブレーキをかける最初の局面は、親の介護に差し掛かったとき」だと推測する。

一般の調査を見ても、女性の40代では約16％、50代では約36％が、すでに介護中か介護の経験がある（第一生命経済研究所「ライフデザイン白書２０１５」）【図表6-1】。「三菱総研の調査でも、介護をしている女性のうち、最も不満が大きいのは50代」だと三浦さん。

無理もない。一般に50代女性は、介護の主役。彼女たちは、介護離職を余儀なくされたかもしれない。あるいは勤めていても、時短勤務や残業カットで収入が大幅に減った可能性もある。非正規雇用なら、就業機会さえ減るだろう。さらに「家で親を看る」限りは、

図表6-1　家族を介護した経験（年代別）

〈女性〉

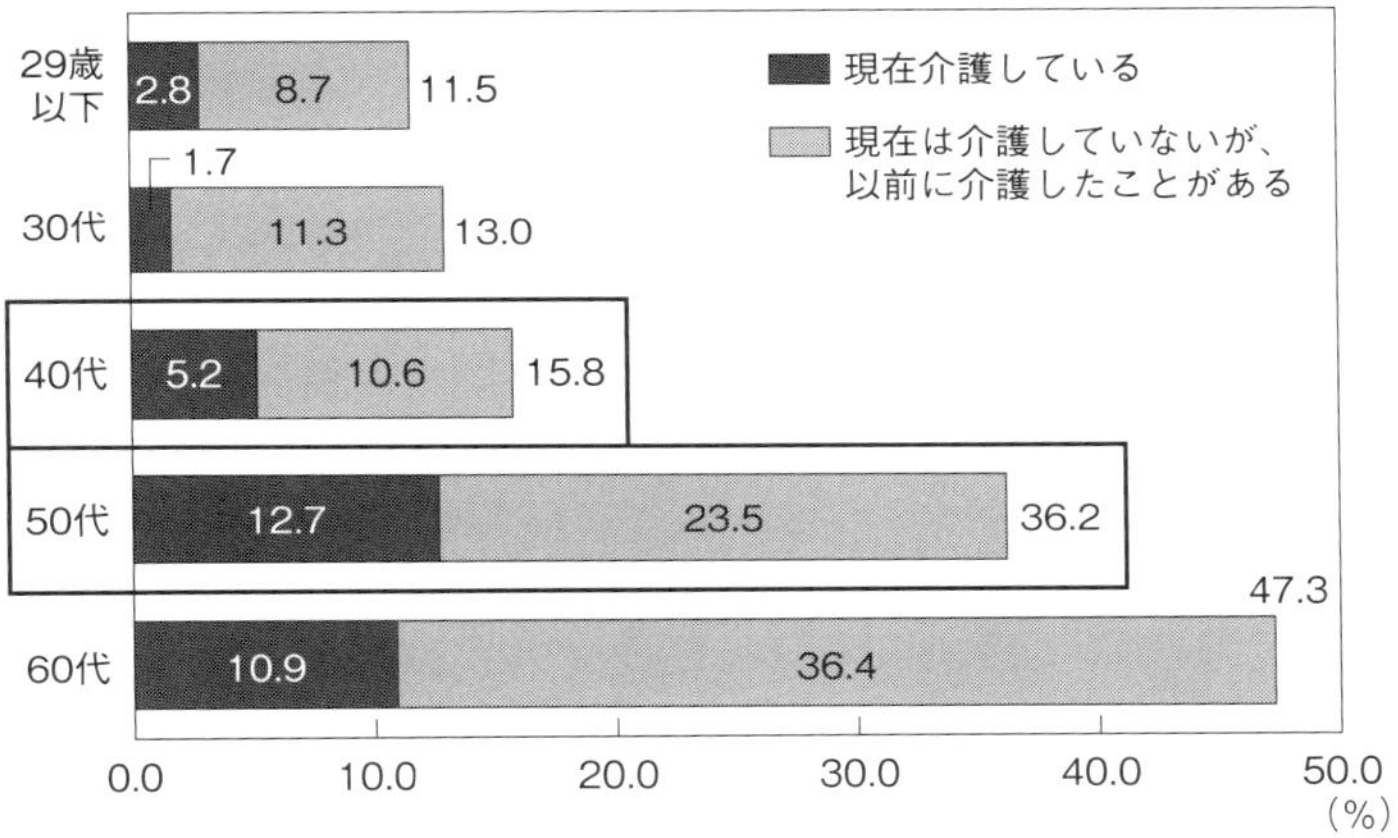

出典：第一生命経済研究所「ライフデザイン白書 2015」

遠出など移動の自由も阻害されるはず。泊まりがけの旅行となれば、なおさらだ。

そんな「悩める50代」のおひとりウーマンに向けて、旅行関係者はどんな配慮をすべきか。私はおもに2つの方向性があると思う。

ひとつは、「介護する側」の心理に着目した、介護旅の提案だ。

繰り返しになるが、私が内閣官房や内閣府、財務省、経済産業省など、どの官庁の委員会や研究会に出ても、国が目指す介護の方向性は一貫している。それは、「基本的に家族が、自宅で親を看る」こと。とくに2025年、団塊世代が75歳を超えるときには、「外」で介護するスタッフが40万人近く不足するとされる。たとえ施設という箱を増やしても、「人

（マンパワー）」が足りない。現状で頼れるのは、やっぱり「家族」なのだ。

だが現実的に考えて、働きながら親を介護するのは（いくら介護休暇やテレワークを推進しても）限界があろう。もし仮に、日常の介護は家族でなんとかこなせたとしても、その間、介護者に蓄積する不満やストレスは計り知れない。

そこで「旅」だ。一般に、50代の娘と70、80代の親が共に行く旅というと、まず「バリアフリー」など親の利用しやすさにスポットが当たるが、先のリクルートライフスタイル・沢登さんは「それだけでは弱い」という。

「大切なのは、介護に疲れた娘さん自身が、『行きたい』と心ときめくような旅の創造。そのための工夫や打ち出しは、提供者側でもまだまだ考えられるはずです」

ストレスフルだからこそ、時には車椅子生活、あるいは認知症ぎみの親とともに、自然の美しい風景や温かい温泉に癒されたいと願う。多少費用がかかっても、心身のリフレッシュを図るべく旅に出たい、と考えるはずなのだ。

同時に、沢登さんの話を聞いて、あるホテルの事例を思い出した。千葉県浦安市にある「オリエンタルホテル 東京ベイ」。

利用したママたちに話を聞くと、このホテルが「ママ自身」の立場や心理に寄り添ったプランを多々提案していて、まさにそこが好評を得ている様子が分かる。一例は、子どもが寝静まったあとママが部屋でリラックスできる間仕切りカーテンや、子どもをホテル内の託児所に預けてママがエステでゆっくり施術を受けられるなど。

介護旅行の場合、親をホテルや旅館内のどこかに預けて、その間に介護者が優雅にエステで施術を受ける、という図までは想像しにくい。だが、たとえば宿泊時のほんの1、2時間、介護資格を有するスタッフに部屋まで来てもらい（事前予約）、その間に近隣をお散歩したり、ゆったり温泉に浸かったり、といったことは可能なはず。

現在、グロス（総数）で大量に部屋を確保する旅行代理店には、手配しにくい面もあろう。だが、人口減少社会は「量より質」で儲けを得る時代。ある程度大胆な発想こそが、今後一旦落ち込みが予想されるミドル女性の旅行市場を明るくしてくれると確信する。

大丈夫、彼女たちおひとりウーマン世代は、無類の「旅好き」。ひとたび「いい」と評価すれば、長年にわたって根強いファンになってくれること請け合いである。

●地方移住にも貢献？　郊外旅や田舎旅

おひとりウーマンに向けた「旅」の方向性、もうひとつは「郊外旅」「田舎旅」だ。

第3章では、墓トモ探しのバスツアーにふれた。その目的は、将来不安が高まるおひとりウーマンたちが「今後自分が弱ってきたとき、あるいは亡くなった後も『ゆるくつながっていたい』と思えるような女友だちを探す」ため。同じ発想で考えれば、人同士の「知縁」だけでなく、人生の後半を過ごす土地、「地縁」を探しに出る旅もあるはずだ。

2年前、「女性のための　はじめてソロキャンプ」に初参加して「人生観がガラリと変わった」と話すのは、イクミさん（48）。ふだんから「甘えん坊」体質で、キャンプに行くこと自体も初めてなら、ひとりでなにかにトライすることさえ初めてだったという。

仕事は、毎日パソコンと向かい合うオペレーター。前職はテレビ局のAD（アシスタントディレクター）だったが、ハードワークから体を壊し、37歳で転職した。身体的負担は嘘《うそ》のように減ったが、「単純作業ばかりで、1日に50回はため息をついていた」。

そんな中、ある記事で知ったのが、郊外の「ソロキャンプ」。

大人の女性のひとり参加が基本で、泊まりがけ（1泊2日）で自然と触れ合い、気軽にアウトドアを楽しみながらも、達成感や主体性を学べる企画だ。

主催者は、「東京都立奥多摩湖畔公園　山のふるさと村（以下、山のふるさと村／企画運営：自然教育研究センター）」、奥多摩の国立公園内にある施設で、2004年から女性のためのソロキャンプを全17回実施、これまでに２００人以上が参加している（16年末現在）。イクミさんも、「1泊2日で、退屈な毎日を変える〝何か〟がつかめれば」と申し込んだ、とのこと。

季節は初夏。蒼々とした森の緑に囲まれながら、アウトドアクッキングを学び、森歩きのプチトレッキングを楽しみ、人生で初めてテントを立てて眠った。初日は緊張のあまり、自然の原風景を楽しむ余裕もなかったが、「2日目の朝起きて、大空を悠々と舞う鳥の姿を見たとき、『いままで私、なんて狭い世界で生きてきたんだろう』と実感したんです」。

04年にソロキャンプを企画立案した山のふるさと村・ビジターセンターの酒井靖子さんによると、大切にしたのは女性の「主体性」。料理はもちろん、火熾《おこ》しやテントの設営なども「誰かに任せる」のでなく女性がみずから行なうことで、自然の本質と楽しさを知り、多くの自信を得てもらいたかったという。

同・坂田大輔さんによると、ソロキャンプの参加者は、40、50代女性が44%を占める、とのこと。また同・長谷川千晶さんいわく、参加者は「同じような思いを持つ女性と出会えて良かった」や、「自然を見る視点が変わった」「もっといろんな自然を見てみたいと思った」といった感想を多く寄せるそうだ。

反面、企画立案当初の「主体性」目的とは裏腹に、参加女性からは時々、「周りからのお膳立て」を望む、人任せな様子も垣間見えるそうだ。

まさに先のイクミさんも、「依存体質から抜け出そうとソロキャンプに参加したのに、つい誰かに甘えようとする自分に気づいた」とのこと。同時に「将来、親も亡くなって本当にひとりになったとき、これじゃ生きていけないと危機感を抱いた」とも言う。

そこでいま、彼女が将来に向けて検討しているのが「田舎への移住」だ。

きっかけは、書店で目にした漫画『おひとりさま女子の田舎移住計画』（朝日コミックス）。著者でフリーライターの柏木珠希《かしわぎたまき》さんについて調べると、次のような情報を得たという。

すなわち、以前は湾岸のタワーマンションに住んでいたが、長く交際した男性との同棲解消を機に「田舎へ移ろう」と決断したこと。その後、長野の古民家（築150年、家賃3万円）で田舎暮らしを始め、美味しい水や野菜、趣味のスノボなどを堪能したこと。そして、なんと長野にいながら「ネット婚活」で知り合った男性と結婚したこと、など（生活総合情報サイト「All About」ガイド　中川寛子さんによる記事　17年1月6日ほか）。

イクミさんは「私は移住しても、ネット婚活はしないと思うけど」と苦笑しつつも、ソロキャンプに参加して「東京のビル群以外にも、生きる場所はある」と悟ったそうだ。

いざとなったらキャンプで培《つちか》ったような自給自足のスキルを身につけ、月数万円でも生きられる田舎に移住する手もある。また、かつて祖母が住んでいた古民家に移り住んでもいい。そう思えることで、「ずっと気持ちが軽くなった」という。

14年、築50年以上の古民家とそこに住みたい人をマッチングするサイト「古民家住まいる」をオープンした、住まい教育推進協会・会長の川上幸生さんによると、「かつて家族や親戚が住んでいた古民家に「せっかくだから」や「思い出を残しておきたい」と住み始める40代女性も目にするようになってきました」とのこと。

一方で、古民家に憧れはありながらも、縁もゆかりもない土地となると、職場との距離や防犯面、掃除の手間や修繕費等の現実にハードルを感じ、躊躇《ちゅうちょ》してしまうケースもあるようだ。田舎ならではのコミュニケーションに馴染めない人もいるだろう。

とはいえ数字で見れば、地方に移住する男女自体は増えている。毎日新聞と明治大学・地域ガバナンス論研究室などの共同調査（15年）によると、14年度に地方に移住した人は1万1735人と1万人を超え、09年度から5年間で4倍以上に増加。15年末の毎日新聞はこれを、「移住志向の高まりを受け、支援策を拡充した自治体が増えたことが背景にあるとみられる」と報道した（15年12月20日）。

先のイクミさんが「興味がある」と話していた「地域おこし協力隊」も、総務省が09年度から始めた制度だ。自治体の募集に応じて地方委嘱を受けた「協力隊」のメンバー（おもに都市部在住）は、国から生活費などの支援を受けながら、おおむね1年以上3年以内は地方に移り住み、住民の生活支援や地域活性化などに取り組む。17年3月、総務省が発表した「平成28（2016）年度『地域おこし協力隊』の活動状況」によると、隊員数は16年現在で3978人、前年度を1・5倍以上上回ったそうだ。

いきなりの移住はハードルが高く、「4割前後が途中で挫折する」との批判もある。だが、ニーズは確実にあるはずだ。先の「ソロキャンプ」、あるいは第4章で紹介した「仕事旅行」のように「お試し」感覚で体験してみることに意義はあるだろう。地域おこし協力隊のサイトも、「（社）移住・交流推進機構（JOIN）」のスタッフが参加した移住体験ツアーの報告にリンクが張られていて、クリックしたイクミさんも興味をもった。「50歳になるまでには、ダメもとでツアーに参加してみたい」と意欲を見せる。

先のじゃらんリサーチセンター長・沢登さんも言う。「地域にとって、定住人口がひとり増えれば、年間消費額も約120万円（平均）増える。自分たちの地域を旅するおひとり様とつながって、『いつか住んでみたい』と思わせるメッセージを発信し続けることは、重要です」

(3) 保険、仕事、支え合い……セーフティネットの未来像

今回の取材、あるいは多くの調査に共通するのは、おひとりウーマンの将来不安。その3要素は、「老後の資金」と「親の介護」、そして「自分の介護や健康」である。

ふだん私がシニア女性に取材すると、中間所得層の多くが「将来に向けて、最低でも1000万円以上は貯金がないと」と話す一方で、富裕層の女性は「1億、2億円あっても足りない」と考えている。「いくらあれば安心なのか」の尺度は、実に多種多様だ。

現実はどうか。2017年現在、女性の厚生年金・平均月額は、約10万2000円。だが国民年金だと40年間納めても、月額約6万5000円が上限だ(「シニアガイド」17年5月24日)。他方、「家計調査」(総務省)などから、独身を中心とした60歳以上の「女性単身世帯(無職)」の平均消費支出を見ると、1カ月あたり約15万円だと分かる。

仕事を辞めてから年金を受け取れるまでの期間は、貯金を崩す必要があるし、たとえ厚生年金が平均的に受給できる人でも、受給期間中に切り詰めなければ、月5万円近くショートする。節約しても、月2、3万円は足りないはず。多くの専門家が、「女性が80代後

半まで生きると考えた場合、住居費や医療費を含めた貯金額として、2000万円程度は必要だろう」と話すのも、そのせいだ。

さらに、先の三浦展さんは、「いまの40代、とくに人数が多い団塊ジュニアは、75歳にならないと年金が受給できない可能性もある」と指摘する。あまりに衝撃的だが、その可能性も決してゼロではない。こうなると、いまの年金受給額をもとに「将来いくら受け取れるから、何年生きるとして……」とそろばんをはじいても、意味がないのだ。

それ以上に読めないのが、17年10月の衆院総選挙を前に、「希望の党」の小池百合子代表がふれた「ベーシックインカム」。これは、全国民が最低限、生活に必要なお金を〝無条件に〟〝一律に〟支給してもらえる制度で、日本での実施は不透明ながらも、すでにフィンランドやカナダで実験的導入が始まった。もしこの先、日本でも導入となれば、従来の年金制度が180度変わるわけだから、ますます〝そろばん勘定〟は無意味になる。

そこで最後は、少し引いた見地から、おひとりウーマンのセーフティネットを考える。

●「2人暮らし」のリスクと働く意義

2014年、総務大臣なども経験した増田寛也さんによる著書が、大きな話題を呼んだ。

タイトルは『地方消滅』（中公新書）。

その名のとおり、40年には896の市区町村、実に全国の49・8%が、人口減少で「消滅可能性」の危機に直面するという内容だ。消滅可能性都市は、北海道や東北の山間部がメインだが、東京23区の豊島区（減少率50・8%）や大阪市の大正区（同54・3%）など都市部もリストアップされている。

東京の場合、人口減少最大の原因は、女性の社会進出などで未婚女性と「産まない女性」が急増したこと。人口が減ることも問題だが、若者が増えないことで「高齢者（65歳以上）」の割合が伸び続けるのだ。25年、東京の総人口は減少を始めるが、30年には4人に1人が高齢者になり、そのうち半数近くが「ひとり暮らし」になるだろう、と予測されている（NHK総合「ニュースウォッチ9」17年6月22日放映分）。

東京都の中心・港区も例外ではない。昨今は新興住宅地に住むニューファミリーが増えた半面、実は高齢化も進み、そこに内在する問題も抱えているようだ。

たとえば、港区が設置する港区政策創造研究所が65歳以上のひとり暮らし高齢者に調査した結果を見ると、ひとり暮らしの高齢女性は男性に比べて「預貯金」が多く、「1000万円以上」が3人に1人いる一方で、「200万円未満」が4人に1人、「500万円未満」も約44％（男性は約6割）いる。顕著に二極化が進み、女性の約7割は「年金」がおもな収入源で、2割以上が「経済状況が（やや、かなり）苦しい」と答えているのが気になる（「港区におけるひとり暮らし高齢者の生活と意識に関する調査報告書」12年）。

また総じて、男性より女性のほうが「近所づきあい」など〝人とのつながり〟を意識している様子も分かるが、先の研究所が13年、75歳以上の高齢者を含む「2人世帯」（区内在住）に調査した結果を見ると、別の課題も垣間見える。

そのひとつが、「親子世帯」における問題だ。同世帯で「介助」を必要とする親は、4割。要介助である親と同居するその子ども（おもに65歳未満）の半数近く（45・6％）が、なんと仕事をしていない。さらに、趣味や健康づくりなど社会活動も、介助が必要な親をもつ子の約7割が「参加していない」と回答。理由として「時間がない」（41・3％）、「親の世話をしなければならない」（40・5％）が、いずれも4割超を占めた。さらに「緊急時の支援者」についても、親が要介助かそうでないかにかかわらず、子の約2割が「支援者はいない」と答えたのだ（「港区における75歳以上高齢者を含む2人世帯の生活に関する調査報告書」13年）。

これまで、孤独死や低所得などの問題については、もっぱら「ひとり暮らし」に注目する傾向が強かった。だが先の調査結果を見ると、都会でも「2人暮らし」の親子世帯、とくに老いた親や要介助の親と同居する「大人パラサイト（中高年の子どもがシニアの親と同居するパラサイト・シングル）」世帯にも、同様の問題が山積する様子が分かる。

世間では、「娘や息子がついているから、2人暮らしは問題ない」と見る向きもあるが、親を抱えて仕事もなく、外にも出て行けないミドルほど、実は孤立のリスクが大きい。

中央大学教授の山田昌弘さんは、「日本はいまだに、世間体《せけんてい》社会」だと指摘する。ある程度の生活水準を保てない人は、町場のカフェに行く原資もないうえ、「プライドが傷つくから」と表に出て来にくい。また以前、中流の生活をしていた人ほど「惨めな姿をさらすなら、家にこもっていたほうがマシ」だと考えやすいから、結果的に孤立もしやすい。

山田さんは、「親の介護はまったく予期できない」とも言う。ふだんから「キチンと運動して」「健康食品も摂ってね」と言っても、親が守るとは限らない。いざ介助が必要となったときも、運よく「特養（特別養護老人ホーム）」に入れればいいが、「サ高住（サービス付き高齢者向け住宅）」に入居となれば、手間もお金もかかる。見通しがつかないのだ。

だからこそ、ミドル年齢のおひとり様にとって大切なのは「仕事と健康」だと山田さん。将来に向けた最大のリスクヘッジは「仕事」であり「健康維持」。そのために、ふだんから努めてスキルアップを図り、健康にも多少の投資をすべきだとみる。

また、先の三浦展さんも「たとえいまが非正規でも、着実にスキルアップして、50歳前後で400万円稼げるようになれば、そこから『豊かな老後』も十分あり得る」と話す。「もし50歳前後で、年収400万円同士の非正規男女が〝結婚〟となれば、世帯年収800万円ですよ。堅実に働いて豊かな老後を目指す女性は、確実に増えると思います」

●8割が「老後の収入源」が不明、でも将来設計は先送り

ただし体を壊せば、働けない時期も出てくる。そこで頼れるのは「保険」だろう。

今回、34人のおひとりウーマンへの取材で最も驚いたのは、「あまりに将来が不安で、保険に月15万円以上支払っている」と話す「保険ビンボー」の女性だった。

彼女は、個人情報にとくに敏感なので、詳しいプロフィールは割愛する。いまは親と同居で生活費はほとんどかからず、実家にはそれなりに財産もあるが、それでも「弟が財産を食いつぶしそうで、期待できない」とのこと。5年前、上司との確執で会社を辞めてからは、フリーのウェブデザイナーとして活動。収入は手取り20万円強で、そのほとんどを保険の掛け金として使い、貯金もゼロに近いというのだ。

私は「シングルだから、生命保険は要らないのでは？」「『保険の窓口』などでプランを

見直せば？」などと助言したが、忙しくてその時間がないと彼女。「ならばせめて、ネットでプランを比較しては？」と再び迫ったが、それすら分かりにくいし面倒だという。

だが、いまは保険もインターネットで比較や加入ができる時代。ネットなら、昔ながらの「ちょっと強引な保険レディ」に直接、無理強いはされないから、本来なら冷静にあれこれシミュレーションもできるだろう。

また第2章でもふれたとおり、近年は女性の社会進出に伴い、乳ガンや卵巣ガンなど「女性特有」の疾病が増えた、と言われる。それに伴い、女性専用の医療保険やガン保険も次々登場、オプションで女性向けの特約や保障を用意するケースも少なくないのだ。

おひとりウーマンへの取材で人気だったのは、「ガンにならなければ、3年ごとに〝ボーナス〟が受け取れる」とする、アクサダイレクト生命保険（株）の「がん終身 女性プラン」と、「入院しても、3年ごとに15万円の生存給付金が受け取れる」とする、損保ジャパン日本興亜ひまわり生命保険（株）の「女性のための入院保険『フェミニーヌ』」。また、数としては多くなかったが、近年ネット上でさまざまな保険商品を展開する楽天生命保険（株）についても、「商品全般が分かりやすい」「興味がある」と話す40、50代女性が複数いた。

「従来、『保険の掛け金は分かりにくい』という声が本当に多かった。そこで顧客の声を集めて分かりやすく作ったのが、入院・通院やガン、死亡までまとめて保障する『スーパー2000』です」と、楽天生命保険・経営企画部の眞利子聖乃さん。

一般に、年齢が上がると掛け金も上がる保険が多いが、同保険は誰でも一定の掛け金（月々2000円）で分かりやすく、「女性加入者のうち40、50代が6割を占めるなど、ミドル年代を中心に支持されている保険です」と眞利子さん。40、50代の入院時には1日5000円が、ガンになると治療給付金として、同12〜15万円が、死亡時にも同50〜75万円がそれぞれ支払われるそうだ。

「かつて日本社会では、女性は『妻』という役割が一般的だとされ、社会保障も『夫』や『家族』を基本に考えられてきた」と眞利子さん。だが現代は未婚女性も増え、働いて自分で自分の生活を支えたり、親を看ながら仕事を続けたりするケースも多い。

そんな中で、「万が一」のときでも心に余裕をもって暮らせるようにサポートするのが、保険会社の役目だと眞利子さん。併せて、「女性の生き方や立場が変わったとき、自分に合った保険に切り替えられるフレキシビリティも忘れずにいたい」と語気を強める。

まさに彼女のような考え方が、今後の社会や企業に求められるスタンスだと私は思う。

（財）年金シニアプラン総合研究機構が2015年、40、50代の独身女性に聞いた調査結果をみても、老後の収入源を「分からない」と答えた女性は約8割、「老後の生活設計をまだ考えていない」との回答も、全体の57・9％を占めた。それだけ、従来の保険商品や日本の社会保障制度が分かりにくく、「どこを補えばいいか分からない」のだろう。

一方で、「保険制度では『大数の原理』が働く」と、立教大学教授・亀川雅人さん。女性の社会進出などでニーズが高まれば、保険市場全体が確実に豊かになるはずだとする一方で、「どんな保険や介護、医療システムでも、100％は補いきれない」とも言う。「余白を埋めるのは、貨幣経済が存在しない、『人』による相互扶助や協力関係でしょう。その重要性を感じるためにも、『自分が倒れたとき』をリアルにイメージするほうがいい」

相互扶助で大介護時代を乗り切れ！――ヒントは「未来食堂」

本書の取材で、おひとりウーマンがいかに苦しい20、30代を乗り越えてきたか、痛いほど分かった。だからこそ、彼女たちが「小娘には分かるまい」としながら、一定の自負を持ち、こだわりある分野にちょこちょこ、あるいはドンと消費する意味も理解できた。

反面、年齢や体力的な衰え、あるいは親の介護や死などに直面することで、漠然とした将来不安が膨れ上がっていく様子も見てとれた。日本にはおひとり様、それも女性のシングルをサポートする制度や商品がまだ足りないから、「自分は社会に望まれていない存在なんだ」と卑下する独身女性も、決して少なくない。

それでも、「2人に1人がおひとり様」の社会は2030年、ほぼ確実にやってくる。そしてその手前で、2025年、日本は空前の「大介護時代」に突入する。その介護の担い手となるのは、おもに自分の生活を支えるのが精一杯の、おひとりウーマンなのである。

そのとき、社会はどうあるべきか。当然、公的な社会保障だけでは補えない。また、多くを民間に頼ろうにも、マンパワーや一人ひとりの財源が足りないだろう。

ならば、すべて自力で……? 無理だ。彼女たちのほとんどは、働いているのだから。

だからこそ、亀川さんが提示した「相互扶助」がキーになる。その際、私は東京・神保町にある「未来食堂」の考え方も、ひとつのヒントになると思うのだ。

未来食堂は、時々テレビや新聞でも報道されるので、ご存知の方もいるだろう。東京工業大学を卒業後、エンジニアとなったリケジョ（理系女子）・小林せかいさんが、脱サラして始めた食堂だ。従業員には小林さんともうひとり、いわゆるボランティアがいる。

ボランティアは、店内で皿洗いや野菜刻み、掃除などをすることで、料理1食が〝ただ〟で食べられる。ここまでは、昔ながらの「まかない」と同じだが、それだけではない。ボランティア分の見返り（ただ飯）は、自分が利用しなくてもいい。権利の「チケット」を保有しておけるので、誰かに譲りたい人は店内の専用ボードに「どなたか使ってください」と掲示し、権利を委譲できる。また、譲らない場合も「いつか自分が失職して食べられなくなるなど〝いざというとき〟のため」に、長く持っていられるのだ。

今回、すでに介護を経験したおひとりウーマンの中で、「将来、自分が介護されるときに備えて、介護ヘルパーの資格を取った」とする女性は2人。それ以外に、「親を介護したことで、未来の（介護される）自分の予行演習になった」と話す女性も2人いた。

もし40、50代の独身女性が、週に1回、月に数回程度でも介護の現場でボランティアを果たし、そのことで未来食堂と同じように「（将来分の）チケット」が受け取れるとしたら、そしてそれが、将来自分の〝いざというとき〟に使えるとしたら……、土日を利用してでも、介護について学ぼう、いまのうちにボランティアを経験しておこう、とする女性たちは、決して少なくないだろう。

そのことによる貴重な副産物は、地域との関係づくりと、「自分が倒れたとき」のリアルなイメージ構築。その2つが、おひとりウーマンの漠然とした将来不安を取り除き、未来に向けた現実的な準備へと向かわせ、ボランティア参加できない女性たちにも、「介護って、実はこうなんだよ」と伝える、口コミ役を生むことになると思うのだ。

不安は「漠然」とした状態が、一番よくない。先の保険と同じで、何の対策も打てず、体が縮こまり、いたずらに不安が増幅するだけだから。

だが、不安の根がどこにあるのか、どんな対策を講じればリスク回避できるのかが分かれば、なんらかの行動を起こせる。それが多少の気休めだとしても、人は希望に向けて動くことで「安心」を得られる生き物。そのことが、周りにも期待となって波及し、社会に新たな光をもたらし、場合によっては企業や自治体を助け、潤すだろう。

どうかおひとりウーマンを、これ以上不安にさせないで欲しい。逆に、「あなたは大丈夫」「あなたにはまだやれる」と期待を込めたメッセージを、商品やサービス、あるいはなんらかの情報を通じて、発信して欲しい。元来ポジティブな彼女たちは、日本の未来を明るくする、とてつもないパワーを秘めているのだから……!

おわりに

「これほど真面目に生きてきた女性が、なぜあまりいい思いをしてこなかったのだろう」

それが今回、34人のおひとりウーマンに取材して痛感したことだ。

多くは20、30代のころ、人生に関わる大きな傷を負っていた。異性のパートナー（恋人や伴侶）による暴力的言動、「職場」での女性蔑視……。私も20代のころ、仕事がらみで酷いセクハラやストーカーに遭ったから、彼女たちの悔しい思いはよく分かる。

だが、おひとりウーマンたちも、いまや40、50代。世の中も変わった。

もはや同世代女性の約4人に1人が「独身」となり、おひとり様は決して珍しくない。

結婚・出産していったん疎遠になった女友達も、子育てから手が離れ始めて「同窓会でもやろうよ」「一緒に旅行しようよ」と呼びかけるように。本書に登場したヒロコさんとスミカさんのように、アラフィフ年齢になってから「真の友」になれた、というケースもある。女性同士は、いま「勝ち犬」「負け犬」概念のリセット期を迎えているのだ。

また、すでに多数ご紹介したとおり、企業や自治体も、２０３０年に全人口の半数を占める独身マーケットに熱視線。新たな商品やサービスも日々登場している。日本だけではない。今後独身が急増すると見られる〝中国〟のおひとり様市場も活況だ。毎年11月11日に行われる電子商取引のイベント「独身の日」は有名だが、日本企業も「無印良品」で知られる（株）良品計画などが、すでに中国独自の単身者向け家電の販売を始めた。

では、日本の国や政府はどうか。

少子高齢化が深刻な昨今、多くの女性に「結婚・出産」を呼びかけたいのは分かる。だが第1章に書いたとおり、いまや20代で恋人がいない男女が7割。やみくもに年間30億円もの婚活予算（助成金）を撒けば解決できるような、単純な問題ではない。国の外部機関も、２０１０年の時点で「女性の生涯未婚率は、30年に4人に1人（約23％）になる」と、明確に予測していたほどだ（国立社会保障・人口問題研究所予測）。

ならば、増えると分かっていたおひとり様の未来に、なぜ目立った策を講じないのか。

ここまでお読みいただければ、お分かりいただけたと思う。おひとりウーマンたちがいま、どれほど漠然とした将来不安を抱えているか……。その一例が、いわゆる「２０２５年（親の介護）問題」、そして早ければ20年代後半に本格到来すると見られる「ＡＩとの職場共存」だ。とくに後者は、「近い将来、ＡＩが日本の労働人口の約49％を代替するようになる」と発表されたばかり（野村総合研究所調べ　15年）。「私の仕事がなくなるかも」と、不安に苛まれるおひとりウーマンも、ひとりや２人ではないのだ。

現実にはＡＩやＩｏＴが、マイナスに働くとは限らない。第３章にも書いたとおり、むしろおひとり様のサポート役を務める可能性も多々ある。ただこのままいけば、彼女たちの漠とした不安感が、せっかくの消費意欲にブレーキをかけるだろう。それが国としてどれほどマイナスか、どうかいま一度見つめ直し、新たな施策に乗り出して欲しい。

最後に。本書の取材から出版までの間には、著名な専門家の方々や40社近い企業の方々、弊社でも活躍する船本彰子さん、木内アキさん、渡辺敦子さん、平澤良子さん、東ふきさん、企画段階から関わってくださった毎日新聞出版の峯晴子さん、そして34人の魅力あふれるおひとりウーマンの皆さんに、本当にお世話になりました。心からお礼申し上げるとともに、近い将来、「独身ファーストの時代」が日本に訪れることを夢みて……。

２０１７年11月

牛窪　恵

著者紹介

牛窪 恵（うしくぼ・めぐみ）

世代・トレンド評論家。マーケティングライター。インフィニティ代表取締役。同志社大学・創造経済研究センター「ビッグデータ解析研究会」部員。現在、立教大学大学院（MBA）通学中。財務省 財政制度等審議会専門委員、内閣府「経済財政諮問会議」政策コメンテーターほか、官庁関係の要職多数。1968年東京生まれ。日大芸術学部 映画学科（脚本）卒業後、大手出版社に入社。フリーライターを経て、2001年4月、マーケティングを中心に行う有限会社インフィニティを設立。トレンド、マーケティング関連の著書も数多く、「おひとりさま（マーケット）」（05年）、「草食系（男子）」（09年）は、新語・流行語大賞に最終ノミネート。テレビコメンテーターとしても活躍中。

カバーデザイン ……… 宮坂佳枝
編集協力 ………………… 折笠由美子
ＤＴＰ・図表 ………… センターメディア

「おひとりウーマン」消費《しょうひ》！
巨大《きょだい》市場《しじょう》を支配《しはい》する40・50代《だい》パワー

印　刷　2017年12月１日
発　行　2017年12月15日

著　者　牛窪恵《うしくぼめぐみ》

発行人　黒川昭良

発行所　毎日新聞出版
〒102-0074　東京都千代田区九段南1-6-17　千代田会館5階
営業本部：03（6265）6941
図書第二編集部：03（6265）6746

印　刷　光邦
製　本　大口製本

ISBN978-4-620-32482-1